子どもの力を引き出す 26 のプログラム

絵本で実践！

アニマシオン

KIMURA MIYUKI
木村美幸

北大路書房

∘ プロローグ ∘

∘「われわれの子どもたちに生きよう」

　私は36年間，児童図書出版の老舗といわれる会社で，主に編集・出版・企画開発の仕事をしていました。その会社の社名の由来でもある，ドイツの教育者フレーベル（Fröbel, F.）は，幼児にとって大切なのは，「遊び」であると主張し，幼児の創造性を育てるために教育玩具である「恩物」（積み木の原型）を考案・製作したことでも知られています。

　今から220年程前に，子どもたちの教育に生涯を捧げたフレーベルですが，彼の言葉の中に，私が入社以来ずっと，講演活動などをしながら，お伝えしてきた大切な思いがあります。

　　さあ，われわれの子どもたちに生きようではないか！

　　　　　　　　　　（Kommt, lasst uns unsern Kindern leben !）

　この言葉は，親や教育者たちが子どもたちのために，子どもたちと共に，子どもたちの気持ちに立ち返って，子どもたちから学びつつ生きること，子どもたちにかわって子どもたちの言葉にならない要求を代弁し，子どもたちを通じて自由な国家の実現を期待しつつ生きることを呼びかけたものなのだといわれています。

　私は，四半世紀以上，子どもたちの読む絵本や童話など，児童図書の企画・編集・出版に携わってきましたが，常にフレーベルのこの思いが頭の隅にありました。自分たちの創っているものを一方的に子どもたちに与えて満足していてはいけない。それによって，子どもたちが触発され，生き生きと本来の「子ども」の内に秘めた可能性や喜び，好奇心や自己肯定感

1　フリードリヒ・フレーベル（Friedrich Wilhelm August Fröbel）：1782〜1852。ドイツの教育者。ヨハン・ハインリヒ・ペスタロッチに啓発され，寄宿制の学校を運営した後に，幼稚園（Kindergarten）を創始した。主著『人間の教育』を著し，子どもたちのための教育に一生を捧げ，「幼児教育の父」と呼ばれた。

……等々を発揮できているのかという点について考え続けてきました。

　「絵本」は，教育のために有効なツールではありますが，子どもたちは，それらを与えられるだけの単なる「享受者」であってはなりません。積極的に子どもたち自身が「絵本」のメッセージを取り込み，「絵本」に没入し（遊び込み），自己のフィルターを通して，内在しているエネルギーや喜怒哀楽，時には，生きる力につながる「主体的な文化の創造者（生み出す人）」になっていかなくてはならないと思うのです。

　そのためには，子どもたち自身の「内なる子ども」が「絵本を読む」ことによって生き生きとし，心から楽しいと感じられる「知的活動」を行えることが大切なのではないかという思いが日増しに強くなっていきました。

○「読書」におけるアニマシオンとの出合い

　そんなときに出合ったのが，スペインの読書教育法「アニマシオン」でした。「アニマシオン」とは，スペイン語で「魂を活性化し，生き生きさせる」という意味です。

　『読書へのアニマシオン──75の作戦』（マリア・モンセラット・サルト[2]，宇野和美（訳），柏書房，2001年）には，320ページにわたり，大人が子どもの読む力を引き出せるように励まし，楽しい読書へといざなっていくための「作戦」が丁寧に書き綴られていました。

　サルトは，1970年代前半より，マドリードのタレントゥム書店主カルメン・オリバレスと共に，「読書へのアニマシオン（La Animacion a la Lectura）」活動を開始し，同時にアニマドール（子どもと本の仲介役）養成にも力を尽くしたと言われています。

　この「読書へのアニマシオン」の活動は，スペインのみならず，イタリア，ラテン・アメリカ諸国にも及び，その功績に対し，1993年に IBBY 朝日国際児童図書普及賞が授与されました。

　「読書へのアニマシオン」は，子どもたちが読書を好きになるように導くため，「元気づける」という意味なのです。

2　マリア・モンセラット・サルト（Maria Montserrat Sarto）：1919～2009。スペイン生まれ。マドリード・コンプルテンセ大学にて図書館経営学を学び，雑誌編集長を経て読書推進活動へ。スペインのジャーナリズム賞などを多数受賞。

　前述した「作戦」とは、「創造的な遊び」を行うために、具体的な目標をもっていくつかの活動を組み合わせた取り組みであり、子どもたちのもつ潜在的な読む力を伸ばし、知性を育むための基本的な要素であるといえます。すなわち、子どもたちは「作戦」によって読書を内面化し、それを「作戦」の中でみんなと客観化した後に自分なりの主観的な読書とし、やがて主体的で奥深い読み手に成長していくというわけです。

　そして、「読書へのアニマシオン」によって、単なる読書の能力向上にとどまらず、集団で取り組むダイナミズムの中で人の意見を傾聴し、熟考し、自らの意見を言えるようになることで、社会性や自己肯定感、ひいては生きる力の根源となる力が養えるようになっていくのです。

　『読書へのアニマシオン──75の作戦』に序文を寄稿している哲学者ホセ・アントニオ・マリーナ[3]は「生き生きとして柔軟で、鋭敏で愉快、論理と説得力の備わった知性をもつには、まず多くの言葉を知ること」、「読むこと、話すこと、書くこと、つまり世界を言葉で説明し、理解し、楽しむことは、人間の知能の発達に不可欠の条件」であるとしたうえで、この「アニマシオン」を通して、子どもたちに読書を活用し、「楽しむ」ことを学び取らせる手法の有効性を説いています（『読書へのアニマシオン──75の作戦』1-5頁）。まさに、目から鱗が落ちる思いでした。

　そしてもうひとつ、この「読書へのアニマシオン」は、子どもたちの読む力を最大限に引き出すために、仲介役として「アニマドール」の存在が不可欠だとしています。すなわち必要なのは、大人の存在です。

　世界的に有名な『沈黙の春』の作者であり海洋生物学者のレイチェル・カーソン[4]は、著書『センス・オブ・ワンダー』（レイチェル・カーソン、上遠恵子（訳）、新潮社、1996年）の中でこう述べています。

3　ホセ・アントニオ・マリーナ（José Antonio Marina）：1939～。スペインの著名な作家・哲学者。充実した人生を創出するための知能のあり方を考える書『知能礼賛──痴愚なんか怖くない』が世界10か国で翻訳されている。

4　レイチェル・カーソン（Rachel Louise Carson）：1907～1964。アメリカ合衆国のペンシルバニア州に生まれ、1960年代に環境問題を告発した海洋生物学者。アメリカ内務省魚類野生生物局の水産生物学者として自然科学を研究した。1962年、殺虫剤や農薬に広く使われたDDTの危険性をいち早く告発した『沈黙の春』を上梓し、世界的な禁止運動の端緒となり、環境保護に先鞭をつけた。

「……生まれつきそなわっている子どもの『センス・オブ・ワンダー』（神秘さや不思議さに目を見はる感性）をいつも新鮮にたもちつづけるためには，わたしたちが住んでいる世界のよろこび，感激，神秘などを子どもといっしょに再発見し，感動を分かち合ってくれる大人が，すくなくともひとり，そばにいる必要があります」（『センス・オブ・ワンダー』23-24頁）と。

子どもたちにとっても，大人にとっても「知る」ことは「感じる」ことの半分も重要ではないと信じるレイチェル・カーソンの言葉を引用したのは，この子どもたちに備わっている能力を引き出すために，共に「楽しみ」「感じる」大人としての「アニマドール」の存在がいかに大きいか……，それを私は実感しているからなのです。知識を丸暗記させることよりも，子どもたちが知りたがることを共に発見し，熟考し，感動する大人になれたらと，私はいつもそう願っています。

まさに，感性を育むために，子どもたちと一緒に「知の体験」をし，発見の喜びを味わえる「アニマシオン」を楽しんでいけたらと思うのです。

◦「チャイルドロア」という考え方

そして，ここ数年の間，もうひとつの興味として，「子ども」という限りない可能性を秘めた存在を徹底的に研究している「子ども文化」のオーソリティーの方々の諸説に学ぶことの大切さに気づかされました。すでに19世紀半ば頃から欧米で研究されていた「チャイルドロア」という考え方です。

すなわち，「子どもたちの豊かな想像力の中で，真・善・美・聖といった側面だけでなく，残酷さやいじわるや悪も含む子どもたちの創造性とその中から生まれる文化を『チャイルドロア』という用語で表現する」としています（加藤理・根本暁生・三浦忠士『震災・コロナ　子どもの遊びと遊び空間──仙台・冒険広場の記憶』港の人，2022年，149頁）。

子ども自身が主体的に作り出し，彼らの間で分有し，伝達されている遊びや生活を「子ども文化」と捉え，子どもたちのもつ感情や感性に焦点を当てていく「チャイルドロア」の視点で，今後も様々な領域の人たちとその実態を研究し，成果を共有していきたいと考えています。

私自身は，とりわけこの10年間，「読書へのアニマシオン」の75の作戦

のうち，26を厳選し，主に乳幼児（幼稚園・保育園・認定こども園の子どもたち）向けのプログラムを作り，現場で実践してこられたことが大変幸運であったと思っています。

　現場の先生方・子どもたちは，絵本による「アニマシオン」により，実に生き生きと絵本の中の登場人物と出会い，その世界に没頭してくれました。

　本書は，子どもたちの傍らに寄り添う優れた大人となるために，また，「アニマシオン」によって，子どもだった頃の自分を再発見できるように，私が独自で培ってきた絵本との出合い，選び方，楽しみ方，読み聞かせの意義・極意，絵本に込められた意味やメッセージを紐解く「絵本論」や絵本作りのノウハウまで，絵本にまつわる話を「絵本教室」と題して書き，絵本を深く読み込むために，「読書へのアニマシオン」をグレード別に構成することを試みています。

◦「絵本教室」について

　本書の特徴として，各々のプログラムの途中に，意図的に「絵本教室」のコーナーを挟み込みました。そもそも「絵本」とは何か，読み聞かせの仕方や絵本の歴史，子どもの発達段階などを学びつつ，楽しく実践していくことができるようになっていきます。

　プログラムの難易度についても，初級→中級→上級と，絵本についての知識・理解が深まれば深まるほど，高度なテクニックが可能になってきますので，いきなり，中級や上級から始めるのではなく，「絵本教室」にて，絵本に関する様々なことを学習したのち，実践していただければ，より理解が深まるような構成にしております。

　ただ，ここで取り上げた絵本や参加人数はあくまでも一例であり，実践のポイントを理解できれば，もちろん本書で取り上げた絵本以外でも応用が十分可能です。ご家庭や園で，臨機応変に対応していただければ良いと思います。いま，手元にある絵本でどのように実践していけば良いのかを考えることも楽しい作業になるのではないでしょうか。

　メキシコでは，「読書へのアニマシオン」のアニマドール養成を担当する先生のための認定証が発行され，読書教育の育成に力を入れていると聞

いています。また世界のあちこちで，家庭において，子どもたちの保護者が研修を受けて読書へのアニマシオンを行っているところもあるようです。

読者のみなさま一人ひとりが優れた「アニマドール」になるためにも，本書をその一助としてお使いいただければ幸いです。ただし，「読書へのアニマシオン」は上から教えを導き，さとす教授法ではなく，あくまでも子どもたちの力を引き出す読書教育であることを忘れずに……。

なお，本書は，私が提唱する「絵本カタリスト®」（エピローグ参照）の資格を得るためのテキストとしての役割も果たしております。じっくりと味わっていただき，絵本の語り部，オーソリティーとなるべく，ご活用いただければ幸いです。

まずは，ウォーミングアップ，ゲームをするような感覚で楽しく取り組んでみましょう。

そして，その実践が終わったあとに，必ず結果を振り返り，分析して次回につなげるようにしましょう。サルトは必ずこう言っていたようです。「また今度，別の物語（絵本）で遊びましょう」。

2023年冬

木村美幸

上　級

◦ 本書の特徴と利用方法 ◦

　本書の特徴と利用方法について概説します。アニマシオンを始める前に，ここでポイントを押さえておきましょう。

このプログラムで学んでほしいテーマを示しています。テーマの下にある作戦番号と作戦名は，「読書へのアニマシオン」の創始者であるマリア・モンセラット・サルトが提唱したものです。* この作戦をもとにして，それぞれのプログラムをアレンジしています。

「絵本カタリスト®（エピローグ参照）」の資格のグレードに合わせて，初級，中級，上級と段階ごとに難易度を分けて構成しています。

このプログラムではどのような実践を行うのか，また，それによって子どものどのような力が育まれるのかといった大枠をおさえましょう。

初級 5

観察力を伸ばす

◇ 作戦37：だれが……でしょう？

▧ プログラムの概要

　絵本にとって，テキストにぴったり合った絵が大変重要な要素であることは言うまでもありません。ストーリーに合った登場人物が忠実にそのアクションをし

初級 5　観察力を伸ばす

選んだ 本

『おやおや，おやさい』

石津ちひろ（文）／山村浩二（絵）／福音館書店／2009年

あらすじ
　今日は野菜たちのマラソン大会。「ラディッシュ　だんだん　ダッシュする」「きゅうりは　きゅうに　とまれない」……など，一度聞いたら忘れられない韻を踏んだかのようなフレーズが満載。マラソン大会は波乱万丈，川に落ちたのはだ〜れ？　答え——かぼちゃ，「かぼちゃの　ぼっちゃん　かわに　ぼちゃん」。お見事‼

『おやおや，おやさい』
石津ちひろ　山村浩二

ここで紹介している絵本はあくまでサンプルです。他の本で実践してもOK！

カードのイメージを例示しているプログラムもあります。アニマシオンの実践でカードを作成する際の参考にしてください。

このプログラムに必要な準備をわかりやすくまとめています。事前にしっかりと準備をしておきましょう！

▧ アニマドールの事前準備

・実際に絵本を見ながら，登場人物とシーンを2，3か所選んでカードに模写してみる。上手に描けなくとも，登場人物と場面がきちんとわかれOK。別のカードに，上記の模写と同じポーズを異なったキャラクターで描いたものを2，3パターン準備する。

☞ 模写する画材はパステルでも色鉛筆でも水彩でもOK。上手に描こうと思わず，同じポーズで絵が描けそうなキャラクターを選んで，同じ大きさで描いてみましょう。

✦ このプログラムの進め方を大まかに説明します。もちろん，この手順に沿って実践することもできますが，慣れてきたらぜひ，自分なりに工夫して実践してみてください。

▶ 📖 **実践の手順**

手順1 絵を見せながら，4～5回読み聞かせをする。

手順2 絵本は見せないで，正しく模写した登場人物を描いたカードと，キャラクターを変えて同じシーンを描いたカードを見せ，本来の物語のシーンを表す絵はどれだったかを当ててもらう。

☞ 例）マラソンの途中に，川に落ちたのはだれだった？
（模写したものを見せる） かぼちゃ？ 白菜？ トマト？ にんにく？
最後に1等賞になったのはだれ？ など。

手順3 リズミカルな言葉と一緒に，絵本の絵をじっくり見ながら，再度物語を味わってみる。「また今度，別の物語（絵本）で遊びましょう」と言って，アニマシオンを終える。

✦ このプログラムをより効果的に実践するために，アニマドールに心がけてほしいポイントをおさえましょう。

▶ 📖 **アニマドールの配慮事項**

・子どもたちに一通り答えてもらい，正しい答えが言えた子どもに，どうしてわかったのかを尋ねてみましょう。

〜 032 〜

初級5 観察力を伸ばす

📖 **発展（チャレンジ）**

・子どもたちも一緒に，絵本に出てくるキャラクターをまねして描き，模造紙に貼って，新しい物語を作ってみましょう。

∴ **実践者の工夫・声**

> 「かぼちゃのぼっちゃん かわに ぼちゃん ……ぼちゃんとかわにおちたんだよ。ことばがいっしょだから……」異年齢のクラスで4歳の女の子が教えてくれました。川に落っこちると「ぼちゃん」と大きな音がしそうなのは，「かぼちゃだよ」と言っていました。絵と言葉が一緒になって順にしっかり入ったようです。 （異年齢児担任）

☞ 異なったキャラクターのポーズに違和感を覚え，ストーリーと同じキャラクターをしっかり当てさせることで，観察力を養っていきます。

✦ プログラムによっては，「発展」を設けています。ぜひチャレンジしてみましょう。

✦ プログラムによっては，実際にアニマドールが実践した際の工夫や，子どもたちの声などを紹介しています。参考にしてみてください。

✦ 他にどのような本でこのプログラムを実践できるか，紹介しています。ここに挙げた本以外でも，みなさんの工夫次第，様々な本でアニマシオンを実践できます。

- - - - - - - - - - **実践におすすめの絵本** - - - - - - - - - -

○『りんごかもしれない』
ヨシタケシンスケ（作）／ブロンズ新社／2013年

学校から帰ってきた男の子は，テーブルの上のりんごを見て，「もしかしたらこれは，りんごじゃないかもしれない」と，妄想していきます。らんご，るんご，れんご……等々，まさに奇想天外，想像力の爆発が起こって……。ユーモアたっぷりのシュールな発想型絵本です。

〜 033 〜

＊マリア・モンセラット・サルト，宇野和美（訳）『読書へのアニマシオン──75の作戦』柏書房，2001年

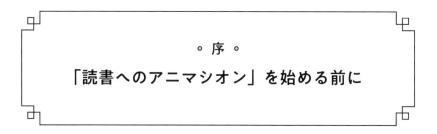

◦ 序 ◦
「読書へのアニマシオン」を始める前に

アニマシオンとは

◦「アニマシオン」の意味

　そもそも，「アニマシオン」とは，ラテン語系の言葉で，魂・精神活動の活性化のことを言います。特に，1990年代のスペインで市民生活の奥深くまで浸透した理念で，「おもしろい・楽しい・心地よい・躍動・美的経験……」といった，時を忘れて没頭する経験がもたらす働きを指します。

　「アニマシオン」は，英語の「アニメーション」と同義語で，生命力・活力を吹き込み，心身を活気づけ，すべての人間が持って生まれたその命・魂を生き生きと躍動させることです。「アニマシオン活動」は「心地よい・気持ちよい」経験をもたらす，といわれています。すなわち，日本語の「活性化」，「生き生き（うきうき・ワクワク・はらはら・ドキドキ）する」という心の動きがアニマシオンの語義に近いと言えるでしょう。

◦「読書へのアニマシオン」

　子どもたちが，日々ワクワクドキドキしながら学び，遊び込む，いわゆる心身（魂）の活性化のために，本書では，スペインのマリア・モンセラット・サルトが開発した読書教育法「読書へのアニマシオン」に準拠して，絵本を読むことを通して，日本の子どもたちを元気にするオリジナルのメソッドをお披露目しようと思います。

　そもそも，サルトの提唱した読書教育法は，1970年代に開発され，その後，1997年に『読書で遊ぼうアニマシオン――本が大好きになる25のゲーム』（柏書房）として，日本に初めて紹介されました。対象年齢は幼稚園年長くらいから10代後半まで，「ゲーム」と称した様々なプログラムの

中で，深く読む習慣，読解力，コミュニケーション能力などを養うことを目指して出版されたのです。

これを契機に，日本全国で「読書へのアニマシオン」の手法を用いた様々な活動が展開されていきました。

私も，全国津々浦々で，主に，未就学児（幼稚園・保育園・こども園）を対象に，古今東西の絵本を活用した「読書へのアニマシオン」を実行してまいりましたが，「ぜひそのノウハウをもっと現場に……」という有難い言葉を多数いただき，本書執筆の契機とさせていただきました。

私の推奨する，子どもたちの感情や感性を重んじる「チャイルドロア」の視点で，あくまでも子どもたちが主体的にのびのびと力を発揮できるよう，アニマシオンを用いてアプローチしていきたいと思っております。

子どもたちが大人と共に継続的に常日頃から絵本に親しみ，絵本を深く読み込むことで，子どもたちの中に秘めた生き生きした感情が引き出され，能力が可視化され，伸ばされていったら大変嬉しく思います。

◦ 本書における「アニマシオン」の位置づけ

本文中に付記した作戦のナンバーは，サルトが提唱した『読書へのアニマシオン』の75種類の作戦番号を受け継いでいます。本書では，その75の作戦から，子ども（主に乳幼児）とその子どもたちを支える大人（保護者・保育者・施設の方々等）を対象に，私が厳選し，アレンジして実践してきた26種類のプログラムについて紹介しています。さらに，それぞれのプログラムを，初級・中級・上級と難易度を分けて掲載しました。そうすることで，段階的に何度でも学べるよう工夫をしています。

ぜひ，じっくりと取り組んでいただき，各々のプログラムにふさわしい絵本をご自身で選んで，実践していただければ幸いです。

◦ 「アニマシオン」の今日的意義

文部科学省より2017年に公示された「新しい学習指導要領の考え方」に，「アクティブ・ラーニング」が記載されてから，主体的・対話的で深い学びの実現に向けた授業改善が示されました。

すなわち，従来の受動的な授業や学習の取り組みから，積極的・能動的

な授業や学習へと変わっていき，その方法として，発見・体験・調査学習や問題解決学習を行うことで実現しようとする試みがなされました。具体的には，グループディスカッション，ディベート，グループワークなどを授業に多く取り込んで試行されていったのです。こうした「アクティブ・ラーニング」の視点は，まさに主体性・対話性を重んじる「読書へのアニマシオン」の手法に大変親和性の高いものであることに驚かされました。

まさに，「読書へのアニマシオン」は，子どものもつ「読む力」「想像力」を積極的に引き出し，受容と励ましによって粘り強く育成を行っていく読書教育法であり，積極的・対話的な学びなのです。「アニマシオン」の手法を通して，グループワーク，グループディスカッションをしながら，物事の多元的な見方・考え方のできる創造的な学びを深めていけることに相違ありません。

本書に収めた26の手法は，乳幼児でも無理なく楽しみながら取り組むことができるプログラムとなっています。具体的には，集中力を高め，注意力を喚起し，観察力を伸ばし，感受性を引き出し……，そして想像力（創造力）を豊かにし，表現力を豊かにしていきます。

子どもたちと共に実践をし，何より心から楽しんでいただけることを願っています。

「アニマシオン」の基本

◦「アニマドール」とは

アニマシオンを実践する際，リーダーとして子どもたちの力を引き出す案内役を果たす人を「アニマドール」と言います。「アニマドール」は，子どもたちの意見を引き出して，だれに対しても平等・率直な態度で臨むことが求められます。

◦ 事前準備

実践するにあたり，事前準備が必要です。まず，アニマシオンを行おうとする対象の子どもたちの状態（読書スキルのレベル）をよく理解しましょう。そして，子どもたちのレベルに合うプログラムとその実践に使う絵本

を決めたら，実践の手順に従って入念に事前準備をします。アニマドール自身がその絵本を何度も読んで理解しておきましょう。

　絵本はできれば人数分あると良いですが，それが叶わなければ，一人ひとりにじっくり絵本の絵と文が見える状態で行えるように，集中できる環境を整えることが大切です。

　また，中には模写をすることが必要なプログラムもありますが，模写は該当のページ全体を完全に描く必要はありません。それぞれのプログラムのねらいに沿って，必要な要素がわかるように描かれていれば大丈夫です（例えば，なんの動物なのかがわかる，手に何を持っているのかがわかる，など）。

○ カードのサイズについて

　アニマシオンではカードを作成し，それを用いて実践することが多くあります（本書では，初級3，初級4，初級5，初級6，初級9，中級1，中級3，中級4，中級7，中級9，上級2，上級3，上級4，上級5，上級6，上級7，上級8）。

　その際に作成するカードの大きさなどをご紹介します。

参考サイズ：128 mm × 92 mm
（目安は B5 判の 4 分の 1）

※コピー用紙などの薄い紙ではなく、厚紙などのほうが使いやすいでしょう。
※この図は実寸ではありません。

◦ 実践時間・参加人数

　本書では，一つの実践に○○分という時間の設定はあえてしていませんが，子どもたちを前にスピーディーに行えるようにしっかりと事前準備をしておきましょう。そうすることで，自らの読み聞かせ等のスキルも向上し，保育・子育ての質も格段に向上していきます。

　しかし，何よりもまずは，目の前の絵本を好きになること，絵本の世界で遊び込めるよう，その絵本を通して，子どもたちのやる気や想像力を引き出せるよう努力する姿勢が必要です。

　なお，子どもたちの参加人数は，目安としては，その実践にかかる時間，スムーズに展開できる適性人数を鑑みて設定しています。

◦ 実践の始め方から終わり方まで

　始めるにあたっての決まり文句があるわけではありませんが，私は，「今日はアニマシオンという手法を使って，大いに絵本に親しみましょう」と言って，受講者のみなさん（子どもたちも）の積極的な取り組み姿勢を促しています。進行上，わからなくなったり，受け応えが難しくなったりしたときは，臨機応変に改善していきましょう。

　終わり方としては，「また今度，別の物語（絵本）で遊びましょう」と言って，アニマシオンを終了します。お約束にしておくと良いでしょう。

◦ 進行上の注意点

　未就学児を相手に「読書へのアニマシオン」を行うと，子どもたちの読む力，すなわち理解力や記憶力が足りなかったりして，アニマドールの思い通りに進行していかない場合があります。そんなときは，焦らず，他のいろいろなプログラムを体系的に行ってみて，子どもたちの意欲を徐々に引き出していくきっかけを作っていければ OK です。アニマドール自身が生き生きと楽しい雰囲気作りをしながら進行できるよう心がけましょう。

　絵本そのものが読むのに難しすぎたり長すぎたり……と思った場合は，適宜違う絵本に切り替えて，またその絵本を読む機会ができるのを待つことも大切だと思われます。参加者の読書レベルに合っているかどうかを正しくジャッジしていくことも大切です。

◦ アニマドール自身のスキルアップ

　アニマドールのスキルアップのためには，「人間力」が要求されます。アニマシオンを行った後には必ず，全体の流れがどうだったのか，ねらいが達成されたのか，どんなところが良かったのか，あるいはうまくいかなかったのか，真剣に分析をしましょう。次回への布石になるよう改善点が明確になることが大切です。

　特に心がけるべき点は，参加者への温かいまなざしです。辛抱強い態度で接し，終始和やかに，互いを尊重し合う雰囲気を保つことができれば上級者です。あくまでも，主役は子どもたちです。子どもたちが生き生きと意欲的に参加できるよう努力してみましょう。

著作権について

　最後に，アニマシオンを行うにあたっては，著作権にくれぐれも気をつけてください。絵本を通して子どもたちと活動をしていくなかで，以下のことに留意して，著作権者の利益を守ることもアニマドールとしてとても大切なことです。

◦ 書誌情報について

　アニマシオンで使用する本の情報は，必ず明示します。具体的には，書名，著者名，出版社名などです。

◦ コピーによる使用について

　原則として，絵本をカラーコピーして子どもたちに配布する，絵本の一部をカラーコピーして使用する，などということはしてはいけません。どうしても必要な場合には，必ず出版社へ問い合わせて許可を取ってください。

◦ 模写や，一部の文章を変えることが必要な場合

　プログラムによっては，絵本の一部を模写する，一部の文章を抜き出す，一部をわざと変えて子どもたちに見せる，というものがあります。場合に

よって，使用料を支払うことで使用可能な場合もありますが，無断での使用は著作権法に抵触する可能性があります。著作物によっても使用の可否やその範囲等の判断が異なるため，事前に出版社に問い合わせ，著作者の了解（承諾）を得るようにしましょう。

○ 学校等の教育機関以外で使用する場合

　著作権上，学校等の教育機関においては，その公共性から例外的に著作権の了解（承諾）を得ることなく一定の範囲で利用（コピー等）することは可能です。ただし，上記のように手を加えたものを，教育機関における教育目的等以外で使用する場合，例えばインターネットなどで不特定多数の人に公開したり，研究発表などの際に印刷物として配布したりする場合には，必ず事前に出版社に問い合わせておくようにしてください。

　詳細は著作権情報センターへお問い合わせください（https://www.cric.or.jp/index.html）。

絵本で
実践！
アニマシオン

初 級

　さて，これから，具体的に「読書へのアニマシオン」
のプログラムを学んでいきましょう。

　初級では，よく知られている絵本で，聞く力や記憶力，
観察力，集中力・想像力等を高めるために，「作戦（プ
ログラム）」を実践し，簡単な読書へのアニマシオンが
できるようにしていきます。

　また，プログラムの間に設けた「絵本教室」を通して，
「絵本」とは何か，絵本の構造，絵本の読み聞かせの意
味や必要性・極意などを学びます。子どもたちと心を通
わせることができる効果的な読み聞かせができるように
なるための基礎をしっかり身につけましょう！

集中して聞く力を育む

→ 作戦 1：読みちがえた読み聞かせ

📗 プログラムの概要

　読み聞かせの際，漠然と絵を見せながらストーリーを読んで聞かせているだけでは，作品の世界を深く理解してもらうことはできません。本項目では，まず何度も読み聞かせた絵本をわざと間違えて読み，子どもたちに違和感をもってもらうことで，「集中して聞く力」を養います。さらに，推測する力，想像する力をも養うことにつながっていきます。

> 参加者：10〜30人
> 準備物：絵本

📗 選書のポイント

1. ページをめくるごとに，登場人物が増えていくもの。

2. 自分が主人公になり替わり，絵本の中で生き生きと擬似体験できるような内容のもの。

   ☞ 例）登場人物の男の子になった気分で森の中で動物と出会う空想を広げる。

3. 次々と登場人物が現れる中で，ある規則性（例：小動物から大きな動物へ，など）を見出せるもの。

   ☞ ストーリーはなるべくシンプルなものが良いでしょう。また，昔語りなど，語り口調があまりに特徴的なものは，低年齢の場合は避けたほうが良いでしょう。

『もりのなか』

マリー・ホール・エッツ（文・絵）／まさきるりこ（訳）／福音館書店／1963年

——— あらすじ ———

　男の子が紙の帽子をかぶり，ラッパを
ふきながら，森の中を散歩しています。
彼は，ライオン，ゾウ，クマ，ウサギ
……と，いろいろな動物たちに出会い，
森の中でかくれんぼを始めます。しかし，
男の子がオニになって，「もういいかい」
と目を開けたら，動物たちは姿を消して
いました。最後に現れたお父さんは，
「きっと，またこんどまで　まっててく
れるよ」と言うと，男の子を肩車にのせ
て，おうちに帰っていきました。

ここに注目！

　モノクロームの独特の世界，横長の絵本の中で，森の奥深く行進していく男の
子の冒険心が巧みに表現されていて，ワクワクします。ファンタジーの世界に出
てくる登場人物・ライオンやゾウは，男の子のイマジナリーフレンド（空想の遊
び友だち）なのです。

　子ども時代は，思い切り遊び込んで，想像の翼を目いっぱい羽ばたかせる経験
をしてほしいと願っています。子どもの心の内面に住む存在を生き生きと描いて
いるのが本書の特徴です。

▌ アニマドールの事前準備

- 絵本を何度も読み，スムーズに読み聞かせができるよう練習しておくと
  ともに，作品の世界観や主人公の心情などについて，深く検討しておく。
- どこをどう間違えて読むかを事前に決めておく。

▌ 実践の手順

手順1　子どもたちに絵本をよく見えるようにしながら，2～3回，読み
聞かせを行う。

　☞ 登場する動物に集中しやすいよう「どんな動物が出てきて何をするのかな？」な

ど，子どもたちに前振りをしておいても良いでしょう。

手順2　子どもたちがお話を理解できたと感じられたら，絵本の絵は子どもたちには見せずに，物語に登場する動物を入れ替えて読み聞かせを始める。

☞例）ライオン→トラ　　茶色のクマ→灰色のカバ　　カンガルー→シカ
コウノトリ→ハクチョウ　　2匹のサル→2匹のリス　　ウサギ→ネズミ

手順3　読み聞かせをしながら，「今のは大丈夫？」という表情を見せ，子どもたちが間違いを指摘するように仕向ける。

☞子どもたちから都度，声が上がるのを拾っても良いし，最後まで読み聞かせを終えてから，答えを聞いても良いでしょう。

手順4　正しく間違いを指摘できたら，「よくお話を集中して聞けていたね」などと言って，注意深く作品と向き合ったことを受けとめる。

☞間違った子どもがいても，決して「違うよ」と言わず，その動物が出てきた理由（強いから 好きだから，など）を聞いて，その思いを「なるほど，そうなのね」などと言って，受けとめます。

手順5　手順3と手順4を繰り返しながら物語の最後のシーンに来たら，「さあ，お父さんは男の子に何と言ったかな？」と尋ね，子どもたちと一緒に話し合う。

☞ここでも，手順4と同様，正答でなくても，なぜそう思ったのか，子どもたちの意見を聞きながら，物語の主人公やお父さんの気持ちをみんなで話し合いましょう。
お父さんの一言の例：
・「どうぶつなんか どこにもいないよ」（男の子の気持ちを無視している）
・「ゆめを みてたんだよ。はやく かえろう」（否定はしないが，共感がない）
・「きっと，またこんどまで まっててくれるよ」（正答。男の子の気持ちに寄り添ってくれた）

手順6　話し合いが一通り終わったら，正しいストーリーで再度読み聞かせをして，静かに本を閉じる。「また今度，別の物語（絵本）で遊びましょう」と言って，アニマシオンを終える。

■ アニマドールの配慮事項

∘作品に登場する動物たちを順番に認識し，次に出てくる動物をスムーズ

に想像してもらうために，動物に出会うたびにメリハリをつけた読み聞かせができると良いでしょう。

○ 登場する動物やその順序を正しく暗記することが目的ではなく，物語に集中することを目的としたアプローチを心がけましょう。

○ 参加人数が多くなればなるほど，いろいろな意見が出るものです。子どもたち同士が否定し合うこともあるでしょう。しかし，アニマドールは，どの意見に対しても，決して「違うよ」と否定せず，その動物があたかも『もりのなか』にいたかのような話ができれば，それも可とします。

⟩ 実践者の工夫・声

> 「この森では，ライオンがウサギを食べないんだね」などと不思議そうにしている子どもに，別の子が「ここはね，なかよしのもりなんだよ」と言っていたのが印象的でした。子どもたちの対話によって物語が膨らんでいく様子に驚きと喜びを感じました。　　　　　　（3歳児担任）

> 『もりのなか』に出てくる「ハンカチおとし」を知らなかった子どもたち。実際にやってみることにしました。アニマシオンは中断することになりましたが，絵本をきっかけに楽しい時間をもつことができました。　　　　　　　　　　　　　　　　　　　　　　　（異年齢児担任）

-------------------- 実践におすすめの絵本 --------------------

○『ねずみくんのチョッキ』
なかえよしを（作）／上野紀子（絵）／ポプラ社／
1974年

　おかあさんがあんでくれた赤いチョッキを着たねずみくん。「ぴったり　にあうでしょう」と得意げ。ところが，「ちょっときせてよ」と，あひる，さる，あしか……など，どんどん仲間がやってきてしまい……。

視覚による記憶力を発達させる

➡ 作戦28：本から逃げた

📖 プログラムの概要

　同じ作者の作品を数タイトル選び，それらの絵本をじっくり鑑賞しましょう。その中から，何画面かを抜き出し，その絵本のタイトルと，ストーリーの中のどんなシーンだったのかを答えてもらいます。これは，絵本の「絵」を読むことによる記憶力喚起となります。同じ作家の違うストーリーも読んでみたい気持ちを尊重し，一冊一冊の絵本の絵を「見分ける力」を育てましょう。

参加者：10〜30人
準備物：同じ作家による絵本4〜5作品ほど，模写した絵

📖 選書のポイント

1. 似通ったタッチで描かれた同年代の主人公（例えば5歳くらいの女の子）が出てくる作品（数点）。
2. 各々の絵本のストーリーがわかりやすいこと，主人公のキャラクターがはっきりしているもの。

『はじめてのおつかい』

筒井頼子（作）／林　明子（絵）／福音館書店／1976年

―――― あらすじ ――――

　5歳のみいちゃんは，おかあさんに頼まれて，近所のお店までひとりで牛乳を買いに出かけます。お店までの道のりは緊張の連続。坂をあがってお店について，「ぎゅうにゅうください」とみいちゃん。でも，小さな声しか出ず，店の人は，気がつかないみたい……。

ここに注目！

　小さな女の子のドキドキする心の動きを見事に描いた傑作絵本です。

　我が息子の5歳の頃の「はじめてのおつかい」を昨日のことのように思い出します。ほんの100〜200メートル先の店に一人で送り出すときは，そうっと探偵のように後をつけていきました。

　『はじめてのおつかい』は，1976年に初版が出版されて以来，根強い人気の大ロングセラー。4〜5歳くらいの子どもをもつ保護者の，我が子に冒険をさせたい気持ちを見事に捉えています。また，鳥かごから鳥が逃げていたり，「猫をさがしてください」のポスターがありますが，逃げた鳥も猫も絵本の中にいます。他にもいろいろとある，林明子の遊び心を知ると，もっと楽しくなります。

　なお，林明子の他の絵本には，『あさえとちいさいいもうと』（筒井頼子（作），林　明子（絵），福音館書店，1982年）など多数あります。

🔖 アニマドールの事前準備

- 『はじめてのおつかい』を筆頭に，林明子の絵本を何冊も集めて，じっくりストーリーと絵を味わう。普段から，同じ作者の異なる絵本を読み比べる，という習慣をつけておくと良い。

- 選んだ4〜5作品の中から，どれをメインとするかを決める。

- 選んだ作品からそれぞれ1〜2シーンを選び，模写する。主人公の行動を中心に，周りの情景を絡めた模写をする。1画面全体の細部にわたる模写ができなくても良い。

  - ☞ 例）『あさえとちいさいいもうと』で，いなくなった妹を必死で探すあさえのシーンの絵の模写，『はじめてのおつかい』で勇んで買い物に行くシーンの模写，など。

  - ☞ 模写のハードルが高いようなら，他の絵本の1画面を開いて見せて，本当の絵（『はじめてのおつかい』の中の1画面）なのかどうかを聞くだけでも良いでしょう。

🔖 実践の手順

手順1　絵本の絵をじっくり1画面ずつよく見せながら読み聞かせる。

　☞ 絵本の中で，主人公のいる場所・状況をしっかり理解できるように解説しても良いでしょう。あたかも主人公みいちゃんと一緒に買い物に出かけるかのように，玄関を出るところから，お店までの道のりをじっくり把握できると良いですね。

手順2　子どもたちと一緒に，みいちゃんの住んでいる町の様子やみいちゃんの表情の変化などについて十分に話し合う。

　☞ 主人公のみいちゃんの心情に寄り添えると，なお良いでしょう。絵本の中で，お金をにぎりしめてお店への道を急ぐみいちゃんを思い浮かべてみましょう。

手順3　アニマドールは一度読んでいた本を閉じて，子どもたちに「本の中の主人公が逃げ出して，この本以外の（同じ作者の）絵本と混ざってしまったかも……」と説明する。事前に模写した絵を順に子どもたちに見せ，「これは，『はじめてのおつかい』から逃げたの？」と聞いていく。

　☞ 異なる絵本（例えば『あさえとちいさいいもうと』）の中の1画面を見せて，『はじめてのおつかい』のシーンなのかどうか問いかけます。

手順4　一通り本書（『はじめてのおつかい』）のストーリーに合ったものを選んだら，選んだ絵を時系列に並べ，1画面ずつ順に，その絵はどういったシーンなのかを説明してもらう。

手順5　再度，『はじめてのおつかい』を最初から最後まで読み聞かせる。「また今度，別の物語（絵本）で遊びましょう」と言って，アニマシオンを終える。

🔖 アニマドールの配慮事項

○ 林明子の作品を何作も味わううちに，似通った絵の特徴や主人公の名前などを子どもたちが言えるようになると良いでしょう。そのためには，各作品に出てくる登場人物の名前を確認（強調）しながら読み聞かせをしてみましょう。

○ 絵をじっくり鑑賞することで，テキスト（文章）に頼らずとも絵だけ見ればどういったシーンなのかがわかるようになると良いですね。

⸴実践者の工夫・声

> 園の中にある林明子の絵本をかき集めて，模写していると，「似ている
> ね〜」「違うね〜」と言いながら，じっくり登場人物の女の子の絵を見
> 比べていました。絵本の絵を隅々までじっくり見る習慣ができそうです。
>
> （異年齢児担任）

> 画面を模写するのは時間的に無理だったので，準備した絵本の1画面を
> 次々見せていきました。何度も読み聞かせをしていたので，『はじめて
> のおつかい』のみいちゃんかどうか，すぐわかった子もいました。
>
> （5歳児担任）

*林明子（絵）の他の絵本
- ○『**いもうとのにゅういん**』筒井頼子（作）／林 明子（絵）／福音館書店／1983年
- ○『**とん ことり**』筒井頼子（作）／林 明子（絵）／福音館書店／1986年
- ○『**こんとあき**』林 明子（作）／福音館書店／1989年
- ○『**おでかけのまえに**』筒井頼子（作）／林 明子（絵）／福音館書店／1980年
- ○『**きょうはなんのひ？**』瀬田貞二（作）／林 明子（絵）／福音館書店／1979年

　　　　　　　　　　　　　　　　　　　　　　　　　　　　など多数。

-------------------- **実践におすすめの絵本** --------------------

○『**どうぶつしんちょうそくてい**』

　　聞かせ屋。けいたろう（文）／高畠 純（絵）／アリス館／2014年

○『**どうぶつたいじゅうそくてい**』

　　聞かせ屋。けいたろう（文）／高畠 純（絵）／アリス館／2014年

　動物園の身体測定の日。ゴリラ
先生が測ろうとする動物は，カン
ガルーやキリン，コアラ，ブタ，
ゾウ，ヒツジたち。キリンを測る
身長計やゾウを測る体重計はある
のでしょうか？

絵本とは何か

絵本とは 🖍

　「絵本」とは何かについてお話ししたいと思います。

　「絵本」についての確固たる定義はなく、みなさまがご存知のように、絵本は、「絵」と「文（言葉）」から成り、その２つの要素が互いに補完し合って成り立っていると定義づけするのが良いと思います。

　しかし、あえて権威ある一つの定義を指し示すとするならば、様々な本によく引用されている著名なアメリカの子どもの本の研究家、バーバラ・ベイダーの定義があるので、ここにご紹介しましょう。

　バーバラ・ベイダーが *American Picturebooks : from Noah's Ark to the Beast Within* (1976) の中で記した「絵本」の定義を、絵本研究者である正置友子は、以下のように整理して示しています。[1]

Ⅰ．①言葉、イラストレーション、トータルデザインから成っており、②機械で製造されたものであり、商業的な製品である。③社会的、文化的、歴史的記録であり、④もっとも重要なことは、子どもにとってのひとつの経験である。

Ⅱ．芸術形態としてみれば、①絵と言葉の相互依存、②向かい合う２ページの見開き、③ページをめくっていくことで現れるドラマ、で成立している。

Ⅲ．絵本というものは、無限の可能性をもっている。

　上記の「絵本」の定義の中で気になるのは、Ⅰの④（絵本は）「子どもにとってのひとつの経験」としている点です。確かに、絵本を通して、子どもたちは多くを学び、体験の幅を広げて成長していきます。ただ、今日では、ベイダーが言うように、「絵本」という媒体のもつ可能性は、無限に広がっており、子どもから大人まで、年齢層も幅広く愛される存在になってきていると思われます。

　とはいえ、乳幼児は、周りにいる大人が与えなければ、絵本を自ら手に取って味わうことができません。だからこそ、傍らにいる大人が、目の前にいる子ども

の年齢，発達段階に応じた絵本を選び，手渡すことが大変重要なのです。子ども
たちの「見たい，知りたい，試してみたい」という欲求を絵本で十二分に満たす
ことが，私は最も大切であると考えています。

絵本を読む

　次に，「絵本を読む」という行為の意味についても考えてみましょう。

　絵本は，前述したように，絵と文（言葉）から成り立っています。絵を描く
（文を書く）ということは，作者の，物や事に対する深い愛情や感動を表現する
ということです。すなわち，「絵本を読む」ということは，作者の心や感動，想
像の世界を読むことなのです。

　「想像力」とは，その場にないもののイメージを思い浮かべる能力のことです。
そこに描かれた「絵」は，人の想像がなければ，ただの「線」と「色」に過ぎな
いと思います。

　「本を読む」ということは，言葉をもとに想像力を働かせ，内容を理解し，物
語の展開についていくことです。絵本を描く（書く）人も，絵本を読む人も，だ
れかに読み聞かせる人も，もう一度この基本的な「絵本」の定義と「絵本を読
む」という本来の意味をしっかり頭に置いておきましょう。

　特に，文字の読めない子どもたちは，傍らにいる大人の読み聞かせによって絵
本の世界に誘われ，絵を見て，言葉を聞いて想像し，やがて創造力を発揮するこ
とにつながっていきます。

　児童文学者である松居直は，「幼児にとって，絵本は自分で読むための本では
ありません。おとな──母親，父親，保育者，図書館員など──に読んでもらっ
て，"耳で聞く本"です。（……中略……）おとなが読んでやるからこそ，絵本は
幼児の成長にかけがえのない，大切なかかわりを持ち，重要な役割を果たすので
す[2]」と述べていますが，全く同意見です。

注
1　正置友子「日本における子どもの絵本の歴史──千年にわたる日本の
　絵本の歴史　絵巻物から現代の絵本まで」『メタフシカ』第44号，
　2013年，83頁。
2　松居 直「絵本の与えかた」福音館書店，3頁。

物語に夢中になり，
集中力・想像力を高める，
豊かにする

→ 作戦29：物語を語りましょう

📖 プログラムの概要

　子どもたちに絵をしっかり見せ，読み聞かせをします。1人に1つずつ内容について5W1H（「いつ」「どこで」「だれが」「何を」「なぜ」「どのように」「なんのために」など）を意識した質問をしていき，論理的に答えられるように導いていきましょう。

　まだ文字の読めない子どもたちでも，絵本の絵を見ながらじっくり集中して物語を聞くことで，次の展開を想像しながら楽しむことができます。

参加者：10〜30人
準備物：絵本，子どもたちに質問をする内容を書いたカード

📖 選書のポイント

1．起承転結がはっきりしたもの。
2．人以外の，擬人化された動物や「モノ」がしゃべっている場合でも，その場面が理解しやすい絵のもの。
　　☞ ここで取り上げる『ぼくは』のように，現実にはあり得ないことがらも，メルヘンやファンタジーの世界の魅力を知っていく手がかりとなっていきます。
3．アニマドールの質問に対して，明確に1つの答えが出せるもの。

『ぼくは』

藤野可織（作）／髙畠 純（絵）／フレーベル館／2013年

── あらすじ ──

きみが飲んだ牛乳も，食べたパンもリンゴも，そして読んだ本も，全部きみの中にいるよ。私たち人間は，つい自分を主軸に据えて物事を考え，行動をしがちですが，本書は，自分についてじっくり考えてみるきっかけにもなる絵本です。

ここに注目！

芥川賞作家・藤野可織が人気絵本作家・髙畠純と組んで初めて手がけた絵本。飲んだ牛乳も，食べたパンも，読んだ本も，全部きみの中にいる……想像力が広がる不思議な感覚の絵本です。

髙畠純が絶妙な絵を描き，ドキドキするようなストーリーができあがりました。妙に説得力のあるナンセンス絵本ですが，子どもたちが集中して聞くことでよく理解でき，アニマドールからの質問にも答えやすい作品となっています。

📑 アニマドールの事前準備

○ 子どもたちに質問をするために，事前に質問内容をカードに書いておく。質問の答えは，絵本の中になければならない。

📑 実践の手順

手順1　何度も読み聞かせをして（3回以上），愉快なところや気になったところなど，様々な方向から意見を出し合うようにする。

手順2　意見を出し合った後は，絵本の絵を再度じっくり眺めてもらい，画面展開を理解してもらう。

手順3　子どもたちが物語をしっかり記憶にとどめたら，絵本を閉じて，

事前に用意した質問カードを見ながら，物語のテキスト・絵に関連した質問をしていき，答えさせる。

☞ 例)（ア：アニマドール，子：子どものセリフ）

　　ア「ぼくが飲んだものは何だった？」

　　子「えーっと，ジュースじゃなくて　ぎゅうにゅうだったかな？」

　　ア「そうだったね」

　　ア「食べたものは何だった？」

　　子「……覚えていない」

　　ア「お母さんがカットして用意してくれたよね」

　　子「あっ，りんご？」

　　ア「いつ食べたの？」「どこで食べたの？」「するとどうなったの？」

　　子「食べないでって言ったよ」

　　ア「だれが？」……など。

　　他にも，「絵本を破いてしまったのはだれ？」「ぼくとタマ以外にだれがいた？」「最後はどうなったの？」など，順に聞いていく。

　手順4　子どもたちが一通り，質問に答えたら（物語を語ったら），最後にもう一度最初から絵本を読み，「また今度，別の物語（絵本）で遊びましょう」と言って，アニマシオンを終える。

🔖 アニマドールの配慮事項

◦ 子どもたちが物語の筋を理解できるような年齢・環境なのかを判断することが大切です。異年齢で行う場合など，年齢のバランス配分を工夫し，年長さんに代表して答えてもらっても良いでしょう。

◦ 決して回答することを強制せず，わからない質問が来たら，だれかに「パス。わかる人はいますか？」と他の子どもに助けを求めてもいいことを伝えます。別のグループが質問に答えるようなシチュエーションがあっても良いと思います。

◦ 物語のイメージ喚起を助けるため，主人公の取った行動を擬似体験するかのように，ヒントを出しても良いでしょう。「おやつにフルーツを食べていたね」「カットされたフルーツが，食べないでって言っていたね」……など。

📑 発展（チャレンジ）

∘ 子どもたちに，「自分の体や心は何でできていると思う？」など，本の内容を自分自身のことにまで掘り下げて想像するような質問をしてみましょう。

♫ 実践者の工夫・声

> 1人の子が，「今朝食べたバナナがここにいるよ」とおなかを指さして言ってくれました。『ぼくは』がとても気に入ったようで，絵本を食い入るように見ていました。
>
> （5歳児担任）

> アニマドールからの質問を，異年齢同士，2人1組になって，答えてもらうようにしました。質問に導かれて，2人で相談しながら，一生懸命答えようとしていたところが，素晴らしかったと思います。
>
> （異年齢児担任）

- - - - - - - - - - - - - - - - - **実践におすすめの絵本** - - - - - - - - - - - - - - - - -

∘『だるまちゃんとてんぐちゃん』
　加古里子（作・絵）／福音館書店／1967年
　だるまちゃんがてんぐちゃんに出会い，うちわやぼうし，挙句の果てに長い鼻まで，てんぐちゃんの持っている物を何でもほしがってしまうのですが……。

知力を働かせ，
注意力を高める

⇢ 作戦36：物語ではそう言っている？

📖 プログラムの概要

　このプログラムでは「方言」（普段使っている言葉とは異なる，各々の地域に根づいている言葉）で書かれた絵本を用います。目的は，注意力を喚起し，知力を働かせながら言葉を見分ける力をつけることです。

　子どもたちに，物語をしっかり理解してもらい，シーンごとに標準語と方言のマッチングを楽しんでもらいましょう。次に各場面の登場人物をじっくり見せ，会話の順番をみんなで話し合いながら並び変えていきます。カードを持った子どもたちが注意力を高め，ストーリー通りに並び終えるまで続けましょう。

　ここでは，絵本に出てくる方言を標準語，あるいはその地方の方言に言い換えて声に出すことで，深い読み方ができることを体験します。

参加者：10〜30人（2グループに分かれる）
準備物：絵本，「方言」（用意した絵本のテキスト）と「標準語」2枚ペアのカード

📖 選書のポイント

1. 絵本のストーリー中に，2人以上の登場人物が現れ，言葉を発しているもの。
2. 住んでいる地方以外の方言でストーリーが展開するもの。
3. 絵本に出てくるテキストのひびきのおもしろさ，自分が今までに使ってきた言葉との差異などが理解でき，わかりやすいストーリー展開のもの。

『花さき山』

斎藤隆介（作）／滝平二郎（絵）／岩崎書店／1969年

あらすじ

心やさしい少女あやは，山菜を採りに行った山で山姥と出会います。そこには，赤や青，色とりどりの花が咲き乱れていて，だれかがだれかにやさしいことをするとひとつ花が咲くというのです。足元に咲く赤い花は，あやが母や妹を思って着物を買ってもらうのをしんぼうしたときに咲いた花だと……。切り絵の美しい，方言混じりの民話調の物語。

ここに注目！

『モチモチの木』『八郎』『三コ』……など，斎藤隆介・滝平二郎のゴールデンコンビが描き出す独特の世界。『花さき山』は特に，黒を基調としたバックに，切り絵，彩色を施した，美しく見事な絵本画面に吸い寄せられます。

だれかのために自分がしたいことをぐっと我慢したり，だれかのために心を砕いたりすると，必ず報われ，主人公のように，きれいな花を咲かせることができることに気づかされる名作です。

アニマドールの事前準備

○ 本書のテキスト（本文）を写したカードと，同じ意味をもつ標準語，もしくは各地方の言葉を書いたカードを準備する。物語のすべての表現を変えなくても良いが，各ページの象徴的なシーンを切り取って作成。参加人数が多ければ，カードの枚数を適宜増やして準備する。

実践の手順

手順1　秋田弁で描かれたテキストを4〜5回読み，物語に親しんでもらう。

（例①）

〈本文〉

「おっかあ、おらは
いらねえから、
そよサ かってやれ」

〈標準語〉

「おかあさん、わたしは
いらないから
そよに かってあげて」

（例②）

〈本文〉

「おどろくんでない。
おらは この山に
ひとりで すんでいる
ばばだ」

〈標準語〉

「おどろかなくていい。
わたしは この山に
ひとりで すんでいる
ばあさんだ」

（例③）

〈本文〉

「この花が なして
こんなに きれいだか、
なして こうして さくのだか、
そのわけを、あや、
おまえは しらねえべ」

〈標準語〉

「この花が どうして
こんなに きれいなのか、
どうして こうして さくのか、
そのわけを、あや、
あなたは しらないよね」

手順2　子どもたちに用意したカードを配り，本文（方言）のカードと標準語のカードのグループに分かれる。方言グループの子が順番に1人ずつ，自分の持っているカードに書かれている言葉を読み上げる。標準語グループの子は，同じ言葉だと思ったら自分のカードの言葉を読み上げ，合っていればペアになる。

☞ 全員がペアになるようにするが，1人だけ余ってしまったときは，2人組のどこかのグループに入って3人で組むようにします。

手順3　次に，その言葉が出てくる段落の順番に，子どもたち同士で話し合って並んでもらい，アニマドールは，標準語と方言を交互に通しで読んでみる。印象の異なる場面が出てきたら，どちらの表現がおもしろいか話し合う。

☞ 日本全国の地方独特の方言の言い回しのカードを作成し，絵本の画面を見て読み合わせをしていき，異なった表現への理解を深めていくのも良いでしょう。

手順4　再度絵本を通して読み，「また今度，別の物語（絵本）で遊びましょう」と言って，アニマシオンを終える。

📑 アニマドールの配慮事項

- 原則として，字の読める子が対象のプログラムですが，読めない子も，その子の普段使っている方言でその画面を読み変えてみる（声に出す）と物語のおもしろみが伝わります。
- テキストの順番を子どもたちに覚えさせることが主眼ではなく，物語の中の各画面でどんなふうに言っているのかを理解していくプログラムであることを忘れずに。

⁝ 実践者の工夫・声

私は関西出身なので，職員室で「ありがとう」というのは，「おおきに」と言うんだよと言ったら，秋田出身の先生は「おーぎねー」って言うよと言って，盛り上がりました。方言で書かれた絵本って興味深いですね。

（5歳児担任）

このアニマシオンのねらいの「注意力を高める」ことができたかどうか疑問ですが，少なくとも同じことを言っているのに，いくつもの表現があることに気づかせることができて，良かったと思います。

（幼稚園園長）

- - - - - - - - - - - - - - - - - - - **実践におすすめの絵本** - - - - - - - - - - - - - - - - - - -

- 『おこだでませんように』

　くすのきしげのり（作）／石井聖岳（絵）／小学館／2008年

　家ではおかあさんに，学校では先生に，おこられてばかりいる主人公の胸の内を，見事に描いた秀作。七夕の日，ぼくは一番の願い事を短冊に書きました。それは……，「おこだでませんように」。

絵本の構造と絵本の扱い方の基本

　絵本を深く知るために，まずは絵本の基本的な構造と正しい絵本の扱い方を学びましょう。

絵本の構造

　基本的な本の部位の名称を覚えましょう。

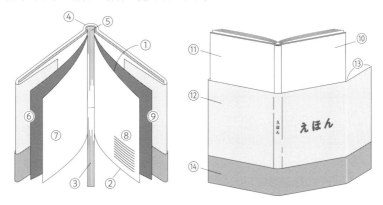

①天　②地　③小口　④背　⑤のど（綴じしろ）　⑥見返し　⑦扉（中表紙）
⑧奥付　⑨裏見返し　⑩表紙　⑪裏表紙　⑫カバー　⑬袖　⑭帯

絵本の持ち方

1．カバーをはずして，机上の平らな場所で，各ページを開いて，のど（綴じられている部分）を押さえて開きグセをつける。

2．子どもたちが床に座る場合は椅子に座り，椅子に座る場合は，立って読み聞かせをする。常に，子どもたちの目線が届きやすいところに絵本がある状態にする。

3．文字が横組み・左開きの本（表紙の左側に背）は右手で持ち，文字が縦組

み・右開きの本（表紙の右側に背）は左手に持つ。

4．親指と付け根全体で，絵本の背側を支え，残りの指で絵本の開いたページの
のどを押さえる。そのとき，絵本の絵を隠さないように注意する。

5．脇を締めて，絵本を体に引き寄せ，肘から先を横に広げて，絵本がぐらつか
ないように手首で調整する。絵本を持つ高さは，肘がなるべく直角になるよう
に固定，重い本の場合は，机上に置いたり，胴体に近づけて膝に置いたり……
など，工夫をすると良い。

ページのめくり方 🖊

1．表紙をしっかり見せ，タイトル，著者名をゆっくり読む。

2．見返し（無地の場合も），扉，タイトルページとしっかり見せながらめくって
いく。扉にタイトルが書かれている場合は，再度タイトルも声に出して読む。

3．タイトルページをめくると，いよいよ本文。

4．絵本の絵を見せながら，ゆっくりとページをめくっていく。絵本は「絵」も
「文」も読むものなので，じっくり隅々まで絵本の絵を見せながら読み進めて
いく。

5．見開きのページの中で，注目してほしい部分が出てきたら，そっとポインティ
ング（指さし）をしよう。ページのめくり方は，手前から向こう側へ，ゆっ
くり丁寧に送っていく。なお，上手にめくるコツとして，絵本を持っていない
ほうの手で，ページの角を少し浮かせて空間を作り，次ページをめくる準備を
しておくと良い。めくる手が見開きの絵柄をさえぎらないよう配慮しよう。

6．本文を読み終えたら，奥付から裏見返しを見せながら，裏表紙までじっくり
めくっていこう。

7．裏表紙もじっくり見せて，余韻に浸ることができるように配慮しながら，再
度表紙を見せて終了。

絵本のタイトルを再度言って，「〇〇〇でした。おしまい」と言いながら，
絵本を置く。

絵本の構造，扱い方については，
次の動画をチェック！ ▶

観察力を伸ばす

⇢ 作戦37：だれが……でしょう？

🔖 プログラムの概要

　絵本にとって，テキストにぴったり合った絵が大変重要な要素であることは言うまでもありません。ストーリーに合った登場人物が忠実にそのアクションをしているかどうか，見極めるためのプログラムです。物語をきちんと聞き取り，登場人物をよく見定める観察力・想像力を伸ばすのがねらいです。

　登場人物の特徴を捉えた絵をアニマドールが模写し，その描写がうまいと，なお子どもたちの理解が深まります。子どもたちに絵を見せながら読み聞かせをし，絵とテキストを引き合わせ，登場人物のキャラクターをしっかり理解してもらいましょう。

参加者：10〜20人
準備物：絵本，絵本の登場人物の特徴的な場面や，異なったキャラクターで
　　　　同じポーズを描いたカードを2，3パターンずつ

🔖 選書のポイント

1．背が高くて体が細い，走るのが早いなど，絵本の中の人物描写（キャラクター）がはっきりしていて，テキストの描写通りに絵が描かれているもの。

2．特徴的な登場人物が5体以上出てくるもの。

3．ストーリーも一つのゴールに向かって進んでいくもの……など，単純なもの。

『おやおや，おやさい』

石津ちひろ（文）／山村浩二（絵）／福音館書店／2009年

─── あらすじ ───

　今日は野菜たちのマラソン大会。「ラディッシュ　だんだん　ダッシュする」「きゅうりは　きゅうに　とまれない」……など，一度聞いたら忘れられない韻を踏んだかのようなフレーズが満載。マラソン大会は波乱万丈，川に落ちたのはだ～れ？　答え──かぼちゃ。「かぼちゃの　ぼっちゃん　かわに　ぼちゃん」。お見事!!

ここに注目！

　山村浩二の野菜たちの擬人化があまりにもユーモラスで可愛くて，大好きな一冊です。

　そして，言葉遊びの達人といえば，石津ちひろ。山村・石津ゴールデンコンビの言葉遊び絵本です。場面場面がはっきりしており，川に落ちたキャラクターや1等賞を取ったキャラクターなど，それぞれのキャラクターが浮かび上がってくるような軽やかなテキスト，擬人化はされていても本物の野菜そっくりの印象的な絵のマッチングが楽しめます。

　シリーズとして，『くだもの　だもの』『おかしな　おかし』も出版されています。

▌ アニマドールの事前準備

- 実際に絵本を見ながら，登場人物とシーンを2，3か所選んでカードに模写してみる。上手に描けなくとも，登場人物と場面がきちんとわかればOK。別のカードに，上記の模写と同じポーズを異なったキャラクターで描いたものを2，3パターン準備する。

  ☞ 模写する画材はパステルでも色鉛筆でも水彩でもOK。上手に描こうと思わず，同じポーズで絵が描けそうなキャラクターを選んで，同じ大きさで描いてみましょう。

- （韻を踏んでいる）絵本のテキストがよどみなく読めるよう，何度も練習をしておきましょう。

（例）　　　〈正〉　　　　　　　〈誤〉

🏴 実践の手順

手順1 絵を見せながら，4〜5回読み聞かせをする。

手順2 絵本は見せないで，正しく模写した登場人物を描いたカードと，
キャラクターを変えて同じシーンを描いたカードを見せ，本来の物語の
シーンを表す絵はどれだったかを当ててもらう。

☞例）マラソンの途中に，川に落ちたのはだれだった？
（模写したものを見せる）　かぼちゃ？　白菜？　トマト？　にんにく？
最後に1等賞になったのはだれ？　など。

手順3 リズミカルな言葉と一緒に，絵本の絵をじっくり見ながら，再度
物語を味わってみる。「また今度，別の物語（絵本）で遊びましょう」と
言って，アニマシオンを終える。

🏴 アニマドールの配慮事項

。子どもたちに一通り答えてもらい，正しい答えが言えた子どもに，どう
してわかったのかを尋ねてみましょう。

🔖 発展（チャレンジ）

○ 子どもたちも一緒に，絵本に出てくるキャラクターをまねして描き，模造紙に貼って，新しい物語を作ってみましょう。

❖ 実践者の工夫・声

> 「かぼちゃのぼっちゃん　かわに　ぼちゃん　……ぼちゃんとかわにおちたんだよ。ことばがいっしょだから……」異年齢のクラスで4歳の女の子が教えてくれました。川に落っこちると「ぼちゃん」と大きな音がしそうなのは，「かぼちゃだよ」と言っていました。絵と言葉が一緒になって頭にしっかり入ったようです。
> 　　　　　　　　　　　　　　　　　　　　　　　（異年齢児担任）

☞ 異なったキャラクターのポーズに違和感を覚え，ストーリーと同じキャラクターをしっかり当てさせることで，観察力を養っていきます。

> 絵本に出てくる絵を模写していたら，子どもたちも一緒に描き始めました。普段から，きゅうりが大嫌いで食べられない男の子も上手にきゅうりの絵を描いて「きゅうりは　きゅうに　とまれない」と言ってアクションをして，みんなを笑わせていました。案外，野菜嫌いがなおるかも……です。
> 　　　　　　　　　　　　　　　　　　　　　　　（5歳児担任）

- - - - - - - - - - - - - - - - - - **実践におすすめの絵本** - - - - - - - - - - - - - - - - - -

○『りんごかもしれない』
ヨシタケシンスケ（作）／ブロンズ新社／2013年

　学校から帰ってきた男の子は，テーブルの上のりんごを見て，「もしかしたらこれは，りんごじゃないかもしれない」と，妄想していきます。らんご，るんご，れんご……等々，まさに奇想天外，想像力の爆発が起こって……。ユーモアたっぷりのシュールな発想型絵本です。

注意力を引き出す

作戦38：ここに置くよ

▌ プログラムの概要

　子どもたちを物語の登場人物に親しませながら，注意力を引き出すことがねらいです。次々に現れる登場人物をしっかり把握し，自分に割り当てられた登場人物が物語の中に現れたときに，そのカードを示すことに挑戦します。まだ字が読めない幼児から楽しくチャレンジできるアニマシオンの手法です。

　カードに登場人物一人ひとりを模写し，子どもたちにはっきり意識させましょう。一枚一枚選ばせるときの子どもたちのワクワクする気持ちを演出し，物語の展開に期待をもたせることが大切です。

> 参加者：登場人物と同数の子どもたち
> 　　　　例）本書では15人，2グループで競うなら30人
> 準備物：絵本，登場人物の模写をしたカード，机（カードを置く台）

▌ 選書のポイント

1. たくさんの登場人物が次々（規則的に）現れるもの。
2. 登場人物が特徴的で，アウトラインがはっきりしているもの。もしくは，模写しやすいもの。

『これはのみのぴこ』

谷川俊太郎（作）／和田　誠（絵）／サンリード／1979年

あらすじ

「これは　のみの　ぴこ」から始まり，その文章と関連したねこのごえもん→あきらくん→おかあさん→おだんごやさん……と，ページをめくるごとに，次々と言葉が連なっていきます。そして，最後には，ぐるりとひとめぐり，また「のみ」に……。

ここに注目！

二十数年前から，園向け，保護者向けの絵本講習会を全国各地でやり始めましたが，その中で私が読み聞かせをした何百冊という絵本のうち十指に入る人気絵本の一冊です。なにしろ読んでいくうちにどんどんスピードアップしていき，早口言葉のようになり，息継ぎなしで一気読みするので，最後は息も絶え絶え……。その様子が子どもたちにはとてもおもしろいようです。ラストのページでは，ぜひずらりと連なった言葉の羅列を早口言葉のように読んでみてください。

🔖 アニマドールの事前準備

○ すべての登場人物（動物）をカードに模写する。

① のみのぴこ　② ねこのごえもん　③ あきらくん　④ おかあさん
⑤ おだんごやさん　⑥ ぎんこういん　⑦ おすもうさん　⑧ かしゅ
⑨ どろぼう　⑩ やおやさん　⑪ しちょう　⑫ はいしゃさん　⑬ せんせい
⑭ ねこのしゃるる　⑮ のみのぷち

☞ 模写のカードは登場人物がしっかり模写できるかどうかにかかっています。上手に描けなくても良いので，1枚1枚丁寧に……。完全に模写できなくても，歌手，泥棒，市長……など，特徴を捉えた髪型や顔だけで理解できる場合もあります。

○ 絵本を何度も何度も読み込んで上手に読めるようにしておく。

🔖 実践の手順

手順1 子どもたちを前に，じっくり一通り，絵を見せながら，読み聞かせをする。

手順2 模写したカードを1人1枚配り，「あなたが持っているのはだれ？」と尋ねて，それぞれ自分のカードを確認してもらう。

☞ 子どもたちが自分の選んだカードに何が描かれているのか把握できているかどうか，「自分のカードに何が描かれているかわかりますか？」とみんなの顔を見回しながら確認しましょう。わからないようなら，カードに描かれているのがだれなのかを伝えるようにしましょう。

手順3 アニマドールは，「今からお話を読むから，自分が持っている人物（動物）が出てきたら，"ここに置くよ"と言って，絵をみんなに見せながら，机の上に順番に（左から右に）置いてね」と言って，もう一度ゆっくり物語を読み聞かせる。

手順4 全部読み終わったら，すべての登場人物が順番に並んでいるかどうか，子どもたちに尋ねる。

☞ 正しくない順に並んでいたら，子どもたち同士で話し合って置き直してもらいましょう。

手順5 物語のおもしろかった場面はどこか，みんなで意見を出し合う。

☞ 例）全く関連性のないような，歌手や泥棒などが出てくる，奇想天外のおもしろさ。

☞ 自分たちでオリジナルの物語を作ったり，登場人物を増やしたりしても楽しいでしょう。

手順6 最後に，全体を再度通読し，「また今度，別の物語（絵本）で遊びましょう」と言って，アニマシオンを終える。

🔖 アニマドールの配慮事項

◦ もし，順番や出番を間違えてカードを置いたとしても，決して間違っていることを叱責するのではなく，見守りましょう。何度もやり直しをして良いのです。最終的に物語全体を理解できるようになるのが目的です。

◦ 参加人数が多い場合は，2グループに分かれてトライしてみましょう。逆に少ない場合は，登場人物を2，3人分かけ持ちしてやっても良いでしょう。

⁝ 実践者の工夫・声

このアニマシオンでは，私たちアニマドールの技量が大いに問われていると感じました。登場人物の模写が難しく，子どもたちにはわかりにくかったようで，絵と文字の両方を描いてみました。　　　　　　（主任）

20人くらいでグループを分けてやりました。自分たちのグループの持っているカードがいつ出てくるか，子どもたちはドキドキしながら待っていました。　　　　　　（異年齢児担任）

-------------------- **実践におすすめの絵本** --------------------

◦『あのねこは』

石津ちひろ（文）／宇野亞喜良（絵）／フレーベル館／2019年

言葉遊びのプロであり，愛猫家の石津ちひろさんが，居なくなってしまったねこへの思いをうたいあげています。宇野亞喜良さんの絶妙なタッチの絵とともに，亡きねこへの愛情が深い悲しみとなって伝わってくる秀作。最後に文字がずらりと並んだ，見事な仕掛け絵本となっています。

◦『の』

junaida（作）／福音館書店／2019年

すべての文章が，「の」でつながっていく不思議な世界。女の子のポケットの中のお城の……という具合に，次々と物語がつながっていきます。

読み聞かせのポイント

「読み聞かせ」の意味 ✏

　「読み聞かせ」とは，絵本を真ん中（媒介）にして相手と向き合うことです。子どもと一緒に一冊の絵本を味わうことで，大人と子どもは，時間・空間を共有でき，信頼関係が生まれ，共に一つの世界を分かち合ってイメージを共有することができるのだと思います。

　言い換えると，読み聞かせる相手と一緒に，絵本を心から楽しむことで，相手の心に近づく（コミュニケーションする）ことができるようになるのではないでしょうか。

　「読み聞かせ」の仕方を分析すると，以下の通りになります。少々難しいですが，下記のポイントを意識して読むだけでも効果的です。

「読み聞かせ」の４つのポイント ✏

　読み手が読み聞かせをするときの留意点を述べます。かなり深い読み方ですが，少しでも意識できると良いですね。

１．絵本の絵をじっくり見て読む

　過去の生活体験，人や物に対する考え方などを含めた経験知を駆使しながら絵の細部にわたり，隅々まで読むようにする。

２．言葉（テキスト）を読む

　過去に見たり聞いたり体験したりした事柄と同じような経験をしているという感覚を大切にしながら（再認行為をしながら），テキストを追っていくようにする。

３．聞き手の表情を読む

　読み手は，聞き手（相手）の表情，理解度を確かめ，自分と解釈が同じか異な

るか等を意識し，確認しながら読もう。

4．読み手自身の心を読む

　絵やテキストの背後にある意味を想像しながら，その絵やテキストが読み手・聞き手にどのような影響を与えているかを考えながら読もう。また，読み手自身が成長し，知らず知らずの間に様々な心理状態を理解できるようになったことを意識しながら，絵本の意図を読み取るようにしよう。

「読み聞かせ」の効用

　読み聞かせをするということは，「黙読」ではなく，「音読」をするということ。「音読」では，下記のように，人間の心と体を通って，絵本のストーリーが理解されていきます。すなわち，「音読」は以下のプロセスで構成されます。

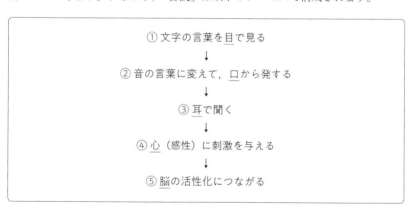

① 文字の言葉を<u>目</u>で見る
↓
② 音の言葉に変えて，<u>口</u>から発する
↓
③ <u>耳</u>で聞く
↓
④ <u>心</u>（感性）に刺激を与える
↓
⑤ <u>脳</u>の活性化につながる

　また最近では，脳科学が発達し，読み聞かせをしている読み手と，聞き手の脳の双方がともに活性化する事実が明らかになってきました（泰羅雅登『読み聞かせは心の脳に届く』くもん出版，2009年）。絵本の世界に入り込み，その世界を理解し，豊かな想像力をもって人に伝える，聞き手の気持ちをおもんばかるといったことを意識することによって，読み手と聞き手の双方の情動に強く働きかけることができるということが証明されているのです。

「読み聞かせ」の極意　10か条 ✏

　常日頃，私は，「読み聞かせ」はテクニックではない，と話しています。しかし，あえて言うならば，以下のポイントを意識すれば，今までより一層深く絵本を理解でき，メッセージを伝えられるようになると思います。いわば，読み聞かせの質を向上させる極意10か条とでも申しましょうか。

1．絵本の開きグセをつけておく

　あらかじめ本を開きやすくしておく。絵本教室2の「絵本の持ち方」でも述べた通り，絵本の読み聞かせがしやすいように，絵本の開きグセをつけておくことが大切。

2．表情を豊かに

　読み聞かせでは生き生きと滑舌良く読む努力をしよう。ただし，物語に没頭し，感情を込めてセリフなどを読み，演じてしまうと，かえって子どもたちの想像力をさまたげてしまうことがあるので，オーバーに感情を込めすぎず，ゆっくり読むようにしよう。

3．相手が要求したら，時間の許す限り何度でも読む

　「アニマシオン」においても，何度も何度も同じ本に親しみ，内容を暗記するほどに読むことをおすすめしている。聞き手が何度も何度も読み聞かせを望んできたときは，時間の許す限り何度でも繰り返し読んであげよう。その時間の共有により，読み手と聞き手の間の親密度が増し，物語の理解度が深まっていく。

4．最初から最後まできちんと読む

　「『読み聞かせ』の4つのポイント」でも触れているが，読み手は聞き手の反応を見ながら読むことがとても大切。理解度が深まっているか否かを確かめながら読み進めよう。相手の反応を見ながら，時には会話をしながら読むことも良い。最初から最後まで，きちんと読み聞かせをすることをおすすめしている。

5．読み終わっても感想を強要しない

　絵本のラストページ，裏見返し，裏表紙を見せながら，聞き手が絵本の余韻に浸る時間を作ることが大切。

6．リラックス時に読む習慣をつける

　特にお昼寝や就寝の前に，好きな絵本と対峙できるとリラックスできる。

7．本と実体験の両方が必要

　絵本に書かれて（描かれて）いたことを実際の現場で確かめたり，さらに実体験したことが，絵本にどのように表されているかを双方向に確認したりして，絵本の中の出来事と実体験とを相互に照らし合わせることができると良い。

8．時には，いつもと違う人が読む

　父が読んだり祖父が読んだり，あるいは保育現場なら，隣のクラスの担任や園長先生が飛び入りで参加して読んだりすることで，また聞き手の新たな想像力につながっていく。

9．自分が良いと思う本を押しつけない

　特に子どもが「読んで！　読んで！」と言うものには，それなりの理由がある。何度でも読み聞かせをしよう。自分が良いと思っている絵本をつい読んであげたくなってしまうが，あまり押しつけないようにしたい。

10．相手の理解度・発達に応じて絵本を選ぶ

　絵本教室8で後述するが，目の前の子どもたちの状態をよく観察してから，正しい絵本選びをしてほしい。特に，子どもたちの年齢が上がるにつれ，人間の喜怒哀楽の感情をより深く理解できるようになってくる。6〜7歳にもなってくれば，特に「哀しみ」の感情が込められた絵本を読むことをおすすめしている。そうした絵本を理解しようとすることで，感受性が豊かになり，その後の人生において，様々な負の感情を乗り越えることができる礎となると考えられる。

感受性を高める

→ 作戦47：これが私の絵

▊ プログラムの概要

　このプログラムは，詩を用いたアニマシオンです。詩の世界は奥深く，鑑賞するにはある程度の知識や感性が必要となりますが，短い文で表現されたわかりやすい詩の世界は，絵本という形式と，さし絵の力を借りることで幼児の心にもしっかり届きます。

　詩にぴったり合った絵をじっくり鑑賞し，子どもたちの感受性を高めることが当作戦のねらいです。絵本の「絵」をじっくり見せ，「詩（テキスト）」とのマッチングを意識させましょう。

> 参加者：10人ほど
> 準備物：さし絵のある詩集

▊ 選書のポイント

1．子どもたちの身近にある事や物を取り上げて詩にしている作品。
2．詩の内容と合致した視覚的な物（さし絵）が描かれているもの。
　　☞ 韻を踏んだようなリズミカルな詩の言葉や，想像が広がる絵が載っている詩の絵本が適切です。それらをじっくり鑑賞することで，子どもたちの感受性が高められます。
3．詩のテキストを隠して絵だけを見せるので，できれば背景が白のもの。

選んだ本

『ふうせん』

金子みすゞ（詩）／黒井 健（絵）／JULA
出版局発行／フレーベル館発売／2020年

『あるとき』

金子みすゞ（詩）／黒井 健（絵）／JULA
出版局発行／フレーベル館発売／2020年

─── あらすじ ───

　『ごんぎつね』『手ぶくろを買いに』などを独特の繊細な色鉛筆のタッチで表現し，一躍脚光を浴びた絵本作家・黒井健が，金子みすゞの詩の中からインスパイアされた詩を自ら選び，やさしいタッチで絵を描いています。

　『ふうせん』収録詩：光る髪／足ぶみ／ふうせん／葉っぱの赤ちゃん／魚の嫁入り／水と影／帆／曼珠沙華／月と雲／私／このみち／白い帽子／かたばみ／花屋の爺さん／星とたんぽぽ

　『あるとき』収録詩：お日さん，雨さん／四月／みんなを好きに／つつじ／世界中の王様／あるとき／海とかもめ／なぞ／月の出／雀／月と泥棒／達磨おくり／積った雪／早春／私と小鳥と鈴と

ここに注目！

　大正時代，西條八十に「若き童謡詩人の巨星」とまで称賛されながら，26歳の若さで世を去った金子みすゞは，生前512編の優れた詩を残しています。有名な「大漁」やテレビCMに何度も流れていて話題になった「こだまでしょうか」をご存知の方も多いと思います。

　私は，個人的に「星とたんぽぽ」という詩が大好きですが，どの詩にも人生を精一杯生き抜いた一人の女性の生き様や，自然とともに生き，小さな命を慈しむ思い，強い祈りの気持ちが込められているように感じます。金子みすゞの詩と繊細で抒情豊かな黒井健の絵との素晴らしいマッチングを楽しんでみましょう。

📕 アニマドールの事前準備

- 同じ絵本を2冊ずつ用意し，1冊は絵本のテキスト部分をマスキングしておき，「これはどの詩のさし絵だと思う？」などと問いかけられるように準備しておく。
- 2冊の詩の絵本から6編ずつ選ぶ。
  - ☞ 未就学児でも，さし絵を見れば詩の情景が浮かぶような，比較的対象物のはっきりしたさし絵の施された詩を選びましょう。

📕 実践の手順

手順1　2冊の詩集から選んだ12編の詩を読み聞かせる。
  - ☞ 子どもたちには，自ら文字をたどって詩を読む必要はないことを知らせます。

手順2　すべての詩をテキストを隠した状態で読み聞かせ，次にテキスト部分を隠したさし絵を見せて，どの詩のものなのかを答えてもらう。

手順3　一通り，詩と絵のペアができたら，「また今度，別の物語（絵本）で遊びましょう」と言って，アニマシオンを終える。

📕 アニマドールの配慮事項

- 最初は，抽象的な詩より，物や事をはっきり捉えて子どもたちがイメージしやすい詩を選んで当ててもらうほうが良いでしょう。
- どのさし絵かわからないときは，詩を意識してアニマドールなりの詩のイメージや感想を述べてみても良いと思います。

📕 発展（チャレンジ）

- アニマドール自身が一編一編の詩を読んで，選んだ詩をもとに，ひらめいたごく簡単な（象徴的な）絵をカードに描いておく。子どもたちに詩を読んで，アニマドールはどの詩のさし絵を描いたのかを当ててもらい

ましょう。子どもたち一人ひとりが詩を聞いて感じたことを描いてもらっても良いでしょう。

⁝ 実践者の工夫・声

> 有名な詩「私と小鳥と鈴と」が大好きです。黒井健の作品には，鳥が描かれていなくて，女の子と鈴だけが描かれていたのが印象的でした。きっと意味があるのだろうな。
>
> （小学校教諭）

☞ ちなみに，黒井健先生に上記の質問「なぜ鳥を描かなかったのですか？」とお聞きしたところ，「女の子の頭上に鳥が飛んでいるのが見えませんか？　この女の子の持っている鈴もチリンチリンと音が聞こえるまで何度も何度も描き直しました……。これがみすゞの聞いた鈴の音だと思います」と。深いですね……。

> 「みんなを好きに」が子どもたちのお気に入りでした。詩に出てくるものを自分たちでも画用紙に描いてみることをおすすめします。
>
> （幼稚園園長）

> 金子みすゞの詩の，例えば，「私と小鳥と鈴と」が好きで，可愛いさし絵が描かれた絵本をたくさん見てきました。同じ詩でも，描く人が変わると，様々な解釈，表現の仕方があることがわかりました。
>
> （5歳児担任）

------------------ 実践におすすめの絵本 ------------------

○『**みみをすます**』

谷川俊太郎（詩）／柳生弦一郎（絵）／福音館書店／1982年

長編の詩を読み聞かせして，イメージが喚起できるようなら，長編6編の詩を収録したこちらがおすすめです。

収録詩：みみをすます／えをかく／ぼく／あなた／そのおとこ／じゅうにつき

聞く力・表現力を高める

作戦55：聴いたとおりにします

📕 プログラムの概要

　絵本という媒体では，絵を読み，ネーム（テキスト）を読みます。読み聞かせは，目で読み，言葉を音として口から出し，それを耳で聞く，それが心にひびく……というわけです。「オノマトペ」（「ざあざあ」「わんわん」「きらきら」など，日常生活の中でよく聞く擬音語，擬声語，擬態語のこと）を有効に使った絵本は，子どもたちの想像力を大いに高めます。

　子どもたちに絵をしっかり見せて，オノマトペの語感を聞いてもらい，体で表現してもらいます。何もない状態では難しければ，山や海など，背景を描いて想像しやすくするなどの工夫を行うと良いでしょう。

> 参加者：10～30人
> 準備物：絵本

📕 選書のポイント

1. 絵本に出てくるオノマトペの表現がわかりやすいもの。
2. 子どもたちの興味を引くのに十分な数の登場人物やオノマトペが出てくるもの。

『もこ もこもこ』

谷川俊太郎（作）／元永定正（絵）／文研出版／1977年

―――― あらすじ ――――

「もこ」「もこ もこもこ」「にょきにょき」とふくれあがったものは、みるみるうちに大きくなってパチンとはじけます。そして「しーん　もこ」とまた始まっていきます。読む人によって、捉え方が違い、イメージがどんどん膨らんでいく、不思議な絵本です。

ここに注目！

日本を代表する詩人と異色の画家が織りなす不思議な絵本の世界。

あまりにも有名な『もこ もこもこ』には、子どもたちが好きな言葉と絵が詰まっています。「しーん」「もこ」「もこもこ」……、次々現れるオノマトペ（擬音語）を子どもたちは理屈抜きにおもしろがり、絵を見ただけで、良いリアクションをしてくれます。

☞ 作者の谷川俊太郎先生に、元永先生の絵の表現を違う言葉で表しても良いか……と尋ねたところ、「子どもたちの中から湧いてきた言葉、自由な感性を大切にしてください！」と仰っておられました。さすがですね。この絵本の人気がわかる気がしました。

🔖 アニマドールの事前準備

・オノマトペ（擬音語、擬声語、擬態語など）について、理解を深めておく。

　　☞ 絵本の中にはオノマトペがたくさん出てきますが、読み手がそのニュアンスを正しく理解していることで、相手により絵本のメッセージが伝わります。

・オノマトペに合わせた体の動きを数パターン考えておく。

🔖 実践の手順

手順1　絵本の絵と、そこにあてがわれているオノマトペの表現をじっくり味わってもらいながら、読み聞かせをする。

☞ 子どもたちにまずは，じっくり画面を見せながら，読み聞かせをします。状況を説明するのではなく，「パチン」なら何かがはじけて飛んだ感じがするのを子どもたちが実感できるまで，じっくり絵と文を読んでみることが大切です。そうすれば，子どもはおのずと身体表現をするようになるでしょう。

手順2 子どもたち一人ひとりに，その言葉（オノマトペ）に合った動きをしてもらう。

☞ 例）「もこもこもこ」「にょきにょき」「パチン」などを体全体で表現してみましょう。ページごとに数人ずつ順番に動作をしても良いし，ページごとに全員同時に行っても良いでしょう。

手順3 それぞれのオノマトペについてどんなイメージをもったのか，子どもたちと一緒に話し合う。

☞ 例）「にょきにょき」のイメージを子どもたちはどう捉えたか。入道雲にたとえた子や，植物が伸びる様子にたとえた子など，様々な表現を聞き，アニマドールが受けとめていきます。

手順4 最後にもう一度最初から読み聞かせ，「また今度，別の物語（絵本）で遊びましょう」と言って，アニマシオンを終える。

📖 アニマドールの配慮事項

∘ 絵本の読み聞かせにおいて，音として声が聞こえることと，内容を聞きとって状況を想像することとは違います。実践をスムーズに展開するためにも，子どもたちの想像が広がりやすいように身ぶり手ぶりや絵を描くなどの工夫をしてみると良いでしょう。

∘ 「表現する喜び」を受容し励ますことで，子どもたちの生き生きした表現を引き出し，「生きる喜び」につなげていきます。

📖 発展（チャレンジ）

∘ この実践を通してオノマトペの一つひとつを子どもたちなりに理解して，絵本を楽しんだのち，いろいろなオノマトペを提示し，想像して絵を描いてみましょう。

☞ 例）「擬声語」：おぎゃー，げらげら，ぺちゃくちゃ等。「犬がワンワンなく」

「擬音語」：がちゃん，ばたーん，ざーざー等。「雷が<u>ゴロゴロ</u>なっている」
「擬態語」：きらきら，つるつる，さらっと，どんより等。「丸太が<u>ゴロゴロ</u>
　　　　　転がる」
　注）「日曜日の昼間は<u>ごろごろ</u>している」（擬容語）という言い方もある。

♪ 実践者の工夫・声

教室の黒板いっぱいに，「ぱちん」とはじける絵を描きました。子ども
たちも大いに盛り上がって体で表現してくれました。　　（4歳児担任）

オノマトペの言葉を一語ずつ話すと，子どもたちは，それが何の形容な
のかあてっこしました。例）「きらきら」……おほしさま，ほうせき，
おしゃれ等　　　　　　　　　　　　　　　　　　　　（5歳児担任）

------------------ **実践におすすめの絵本** ------------------

○『がちゃがちゃ　どんどん』

元永定正（作）／福音館書店／1986年

　『ころ　ころ　ころ』（元永定正（作），福音館書店，1984年），『もけら　もけら』
（山下洋輔（文），元永定正（絵），中辻悦子（構成），
福音館書店，1990年），『もこ　もこもこ』（谷川俊
太郎（作），元永定正（絵），文研出版，1977年）な
どの優れた絵本の作者，元永定正さん。「かーん
かーん」「ちん　ちん」「りん　りん」……等々，
テキストにぴったりな抽象的な絵柄が子どもたち
に大人気の言葉遊び絵本です。まさにモダンアー
トの鬼才と呼ばれるだけありますね。

自分の言葉で表現する

→ 作戦65：そして，そのとき……が言いました

📖 プログラムの概要

　何らかのアクションがクローズアップされているシーンを見て，子どもたちはその物語の行きつく先（ラストシーン）を想像し，「○○の理由で，この行動を起こしたのだ」と結論づけることができるようになります。そのシーンの理由を複数考えられ，表現できるようになれば，かなり深い読みができたと言えるでしょう。

> 参加者：10人くらいまで
> 準備物：絵本，カード（まだ字が読めない子どもたちに行う場合）

📖 選書のポイント

1．展開に規則性があり（例えば繰り返しなど），ストーリーが理解しやすいもの。
2．例えば，表紙の主人公のアクションが，そのままタイトルになっているような，「なぜ？」というストーリーへの期待が膨らむような，低年齢の読者にもわかりやすいもの。
3．次々と登場人物が現れて，ラストに期待を寄せられる楽しい物語になっているもの。

『しーっ』

たしろちさと（作・絵）／フレーベル館／2012年

あらすじ

「しーっ，しずかにしてくださーい」と，動物たちが言い合っています。なぜかというと……。ラストのページで種明かし。眠っている赤ちゃんを見守る動物たちのまなざしがとても温かい，やさしさいっぱいのお話です。

ここに注目！

表紙のウサギのお父さんの表情もいいですね。「しーっ，しずかにしてくださーい」のたびに，子どもと一緒に「しーっ」と言って指を立てると良いでしょう。

小さな子が両手を挙げて「はーい」と応答したり，顔に手（人差し指）を持っていって，「しーっ」と静かにする動作をしたり……，あどけないしぐさに思わず大人の顔はほころんでしまうことでしょう。

なお，フランス語版『CHUUUT』は，マリ・クレール・グループの子育てや育児に関する雑誌の幼児向けの文学賞の0〜18か月対象「ミニムスティック賞」に選ばれています。フランスの小さな子どもにもファンが大勢いるようです。

📑 アニマドールの事前準備

∘ 低年齢の子どもたちが参加する場合には，カードなどに次々に現れる動物を描いておき，子どもたちに選んでもらうのも良い。

∘ 低年齢の子どもたちのいろいろなアクションを頭に描いておく。
　☞ 例）両手を挙げて「ばんざーい！」両手を交差させて「ダメ！」など

📑 実践の手順

手順1　絵本をざっと読み聞かせる。

手順2　登場人物の動物たちの特徴を捉えながら再度全体を通して読む。

☞ 次々に現れる動物たちに向かって「しずかにしてください」と言いながらページをめくっていきますが，すぐにページをめくるのではなく，徐々にその（静かにしなくてはならない）理由を考えてもらいながら（期待を高めながら），読み進める工夫が必要です。

手順3　アニマドールが，絵を見せながら子どもたちに各登場人物を割り振り，みんなでその動物になりきって読み合う。

☞ アニマドールが用意したカードから選んでもらった動物になりきっても良いでしょう。

手順4　読み合った後，静かにしなくてはいけない理由は何なのか話し合ってみる。

手順5　日常の場面で「しーっ」と言われた経験はないか子どもたちに問いかけ，ラストシーンを変えてストーリーを作ってみる（口に人差し指をあてて……）。

☞ シーン例：①美術館，素敵な絵の前で　②敵がいるぞ，隠れよう！　③小鳥の鳴き声に耳を澄ます　④陸上競技，スタートの直前　など。

手順6　最後にもう一度最初から読み聞かせ，「また今度，別の物語（絵本）で遊びましょう」と言って，アニマシオンを終える。

🔲 アニマドールの配慮事項

- この実践においては，様々なしぐさの意味を理解し，自分の言葉で答えられたら成功です。

- 自分の言葉にするのが難しい子には，どんな状況でどんなしぐさをするのか，日常生活の中でのワンシーンをアニマドールが紹介することで，イメージを膨らませてみても良いでしょう。

- もともとこの作戦は，絵本のストーリーが理解できる，話し始めたばかりのごく小さな幼児向けに考えられたものでした。絵本のストーリーの筋運びに慣れ，想像力を発揮していくために，登場人物になりきって話せるように，アニマドールは導いていきます。そうやって徐々に，子どもたちは物語を理解し，再現できるようになっていきます。

🔖 発展（チャレンジ）

- 絵本の登場人物をペープサートや指人形にして子どもたちに渡し，読み聞かせの中で，出番になったら，その登場人物になりきってセリフを言ってもらいましょう。

⁝ 実践者の工夫・声

> 「先生がしーって言うときは怒っているときと，やさしく言うときと，ふたつあるよ」。
>
> （4歳児A男）

☞「しーっ」という人の口調によって，それを発した人の感情の起伏を感じたA男君に感心しました。先生が話しているときに，ずっとしゃべっていて叱られた子どもたちは，先生の発した「しーっ」がこの絵本の「しーっ」と明らかに違うと感じたようです。

-------------------- 実践におすすめの絵本 --------------------

- 『ぎゅっ』

  ジェズ・オールバラ（作・絵）／徳間書店／2000年

  散歩をしていたおサルのジョジョは，動物の親子たちが抱き合っているのを見ているうちにママに会いたくなって泣き出してしまいます。

  思わず大切な人を抱きしめたくなる一冊。

絵本との出合いを語る

子どもの頃，大好きだった絵本の感動を語ってみましょう ✐

　だれしも幼い頃に読んで記憶に残っている絵本の1冊や2冊はあるのではないでしょうか？　自分の好きな絵本を思い出し，語ってみることは，絵本に深くかかわるアニマドールにとって，大変有意義なことだと思います。

　優れたアニマドールは，あらゆる絵本について内容を理解し，時に要約をして話さなければなりません。そのためにも，何年経っても残っている絵本の感動を，まず自分の言葉で表現し，伝えてみましょう。なぜその絵本が記憶に残っているのか，何歳の頃にどんなシチュエーションで読んでいたのか，あるいはだれに読んでもらっていたのかなどを思い出し，記憶にある絵本の言葉や絵について語ってみることは，良い鍛錬になります。

　また，身近にいる子どもの大好きな絵本が何であるかを知っておくことも大切です。なぜ，その絵本を気に入っているのか，おそらくその子なりの理由があります。それを理解することで，絵本を通してその子どもの心に近づくことができるものです。何度も何度も繰り返し読む絵本には，それなりの理由があります。お気に入りの絵本と過ごす時間は，子どもにとっては至福の時間なのです。

　そして，優れた絵本を読んでもらった子どもたちがやがて大人になったとき，同じ絵本を読んだことのあるだれかと，その思い出を語り合える機会があったら，どんなに素敵だろうと思います。生きてきた時代や環境が違っても，共通の話題として心を通わせることができる要素が，少なからず絵本にはあるのです。

　かつて，詩人の長田弘（先生）が，「人生に必要な知恵は，すべて子どもの本で学ぶことができる」と仰っていたことをふと思い出しました。

　今後の人生でまた，何冊の魅力的な絵本に出合えるのか，今からとても楽しみになっています。

私の記憶の中のお気に入り絵本 ✎

『いたずら きかんしゃ ちゅうちゅう』

バージニア・リー・バートン（文・絵）／むらおかはなこ（訳）／福音館書店／1961年

　私は，5，6歳の頃，木炭で描かれたという『いたずら きかんしゃ ちゅうちゅう』が大のお気に入りでした。客車や貨車を放り出して，跳ね橋を飛び越え，操作場も突っ切って田舎まで一人で突っ走るいたずらきかんしゃちゅうちゅうを，機関士は必死で追いかけます。最後にはつかまって，もういたずらはおしまい……。いたずらをしても必ず迎えに来てくれる安心感，迫力あふれる画面，何度も何度も読み返し，そのたびに力が湧いてきたものです。

　この絵本は，「目の記憶」としていつまでも脳裏に残っていました。何年かして，私はそのモノクロームの絵本の1画面1画面に色鉛筆で塗り絵をして，完全自分仕様の絵本を作っていたようです。

『きかんしゃ やえもん』

阿川弘之（文）／岡部冬彦（絵）／岩波書店／1959年

　もう一冊，「耳の記憶」として残っているのは，またしても機関車絵本，『きかんしゃ やえもん』でした。長い間，働いて年を取ってしまった機関車やえもんのいつも怒っている「ぷっすんぷっすん」「しゃっ しゃっ しゃくだしゃくだ」など，父や祖父が読んでくれたオノマトペが印象的で，今でも記憶に残っています。

　子どもたちに救われて，やえもんは交通博物館に行くことになり，幸せな晩年を過ごすハッピーエンドのお話であったことも良かったのだと思います。

　おもしろくて，心が温かくなって……，こちらも大好きな絵本でした。

絵本で実践！
アニマシオン

中　級

　ここからは中級です。

　中級では，子どもたちに，絵本を使った，より高度な読書へのアニマシオンの「作戦（プログラム）」の実践を行い，見る力，表現力，注意力，観察力，批判力などを高めるために，チャレンジしていきます。

　また，「絵本教室」を通して，絵本の歴史や様々な絵本ジャンルの特徴，国内外のミリオンセラーの深い読み解きについても学びます。

　「絵本」の知識・理解がさらに深まることで，アニマシオン実践もレベルアップしていくことでしょう！

集中して見る力

作戦 2：これ，だれのもの？

プログラムの概要

集中して見る力を育み，登場人物への深い理解を促すのがねらいです。

一冊の絵本をじっくり見せて，登場人物の持ち物と，それを持っていた人物とを合致させられるかを観察するプログラムです。持ち物を覚えていなくても，その登場人物の特徴や持ち物の果たす役割に気づき，それを想像することで，ある程度一致させることはできるでしょう。誤答が出ても，いきなり正答を言うのではなく，再度物語を読み聞かせましょう。

参加者：20人くらいまで

準備物：絵本，登場人物の持ち物を模写したカード

選書のポイント

1. 登場人物がそんなに多くなく（多くても 7 ～ 8 人程度），それぞれ特徴がはっきりしていること。

2. 登場人物の特徴（持ち物等）が意味をもってしっかりと描かれ，画面ごとに把握できる絵本。

3. カードに模写をするので，絵を描きやすい，はっきりわかりやすい対象物が描かれている絵本。

『ともだちや』

内田麟太郎（作）／降矢なな（絵）／偕成社／1998年

あらすじ

ある日，キツネは〈ともだちや〉を始めることを思いつき，「ともだちや」というのぼりを掲げて「ともだちは　いりませんか。さびしい　ひとは　いませんか。ともだち　いちじかん　ひゃくえん。……」とかけ声をかけます。しかし，呼び入れてくれたオオカミと楽しく遊んだ後，お金を請求すると，「おまえは，ともだちから　かねを　とるのか。それが　ほんとうの　ともだちか」と一喝され，初めてともだちの意味に気づきます。

ここに注目！

　子どもも3歳を過ぎたあたりから，社会性が発達してきて，友だちとのかかわりを強く求めてくるものです。4歳になれば，友だち同士のかかわり合いの中で，様々な喜びや葛藤の気持ちが芽生え，日々成長していきます。本当の友だちとは何か，友だちと仲良くするにはどうすれば良いか……など，絵本に描かれた理想の友だちの姿に自分を重ねて共感し，理解していくものです。

　『ともだちや』は，呼び入れてくれたオオカミの見事な一言で，真の友だちの意味に気づいたキツネのお話です。このキツネとオオカミの友情の物語は，続々シリーズが出て，子どもたちに大人気の絵本となりました。

■ アニマドールの事前準備

○ カードに，色鉛筆やマーカーなどで登場人物の持ち物の絵を模写する。

（例）

🔖 実践の手順

手順1 複数回読み聞かせをする。

　☞ 参加人数分の絵本があればそれが理想的ですが，一冊しかない場合は，絵本の絵をじっくり画面の隅々まで見せてゆっくり読み聞かせましょう。

手順2 登場人物の外見，環境，特徴をじっくり説明しながら見せる。

手順3 事前に模写した持ち物のカードを見せながら「○○はだれの持ち物でしたか？」と尋ねる。

　☞ 例）「ちょうちんはだれの持ち物でしたか？」……キツネ
　　　　「のぼりは？」……キツネ
　　　　「でんでん太鼓は？」……ウズラのおかあさん
　　　　「イチゴは？」……クマ
　　　　「はちみつは？」……クマ
　　　　「トランプは？」……オオカミ
　　　　「ミニカーは？」……オオカミからキツネへプレゼント

手順4 一通りやり取りした後，この物語のどこが一番おもしろかったかを子どもたちに尋ねる。

　☞ 例）主人公のキツネが自分の持っていたちょうちんやのぼりを捨てて，ミニカーを持って意気揚々と帰っていくシーン。

手順5 アニマドールが，絵本の内容に沿った質問をいくつか投げかけ，みんなで考える。

　☞ 例）質問：なぜキツネの「ともだちや」の呼び声が1時間100円から何時間でもただになったのか。
　　　　解答：本当の友だちとは，お金を取って（もらって）なるものではないから。
　　　　質問：絵本の初めと終わりに出てくる，聞き耳を立てていたのはだれ？
　　　　解答：ミミズクのじいさん。

手順6 最後にもう一度絵本を通して読み，「また今度，別の物語（絵本）で遊びましょう」と言って，アニマシオンを終える。

🔖 アニマドールの配慮事項

○ 絵本の絵をじっくり見せて，登場人物同士の関係性や，ストーリーに影

響を及ぼす重要な「もの」を見落とさないようにすることが大切です。

∘ 子どもたちがしっかり絵本の「絵」を鑑賞できるよう，指さしながら読み聞かせをしても良いでしょう。『ともだちや』は，登場人物が比較的少ないですが，たくさん出てくる絵本でも，しっかり絵本の絵を見ながらストーリーを聞くことで，より深く味わえるようになっていきます。

∘ 絵本の感想は様々。アニマドール自身が作者の意図するテーマを理解し，子どもたちに投げかけられるとなお良いでしょう。

実践者の工夫・声

手元にあるいろいろな絵本から，登場人物の着ている洋服や持っている品物などを抜き出して，カードに次々描いてみました。子どもたちは，真剣に「○○の持ち物だよ」とか「○○が着ていたよ」などと，推測してあてっこを楽しんでいました。　　　　　　　　　（5歳児担任）

☞ 子どもたちにこの実践を行う際，使用する絵本の選び方が重要です。実践を行う子どもたちの読書能力を見極めること，カードにはっきりと，表現力豊かに，登場人物と結びつけやすいように描くこと，などに留意してみましょう。

-------------------- **実践におすすめの絵本** --------------------

∘『きもち』

谷川俊太郎（文）／ 長 新太（絵）／ 福音館書店 ／ 1978年

前半はネームレスの絵本。友だちからおもちゃを取り上げてしまったときの気持ち，お母さんに会ったときの気持ち，捨て猫を見つけたときの気持ち……など，子どもたちの中で，生まれては消えていく様々な気持ちが描かれた秀作。

これは，気持ちの深さを子どもたち自身に発見してもらう絵本。アニマドールは，キーになっている「おもちゃ」「捨て猫」「注射器」「母親の泣き顔」などを模写し，どんな気持ちなのか，絵を見て想像し，話をしてみると良いでしょう。

表現力を高める，
メッセージを掘り下げる

作戦11：これが私のつけた書名

📖 プログラムの概要

　絵本や小説，エッセイなど，その作品にとって，中身を知るうえで大変重要な役割を果たしているのが「書名（タイトル）」です。タイトルを見ただけで，ストーリーを想像できるものもあれば，奇想天外・意味深なタイトルをつけて，わざと中身を知りたいと思わせるよう仕向けているものもあります。

　わざとタイトルを伏せて，じっくり絵本の物語を何度も読み聞かせし，内容を理解して，最も適切と思われるタイトルを考えるプログラムです。最適なタイトルを考えることで，作品を総合的に捉えること，表現力を高めること，メッセージを深く掘り下げて考える力をつけていくことがねらいです。

> 参加者：10〜15人
> 準備物：絵本

📖 選書のポイント

1．何度も何度も，同じフレーズが繰り返し出てくるもの。
　　☞印象に残りやすく，そのフレーズがタイトルになる確率が高いでしょう。
2．絵本のテーマが明確で，特徴的なフレーズが出てくるもの。

『ぜったいたべないからね（新装版）』

ローレン・チャイルド（作）／木坂　涼（訳）／フレーベル館／2016年

―――― あらすじ ――――

　チャーリーのいもうとローラには，きらいなたべものがたくさん！　とくにトマトは「ぜったい」いや。いつものセリフが「ぜったいたべないからね」。そこでチャーリーがローラに食べさせようと取った作戦はいかに……。

ここに注目！

　書名は，本の内容をよく表し，他の作品との差別化を熟考してつけられています。上手なタイトルがつけられた本は想像力をかきたて，読者をひきつけることに成功しているといえます。

　主人公のローラは兄のチャーリーに，嫌いなトマトやまめを「食べないの？」と言われて，ずっとNO！　と言い続けてきましたが，チャーリーが見事に切りかえしていくなかで，変化していく2人の絶妙なやり取りが楽しいですね。

　シリーズとして，『ぜったいがっこうにはいかないからね』などもあります。

🔖 アニマドールの事前準備

- タイトルカバーを裏向きにかけ，絵本の表紙が見えないようにする。
- スムーズに読み始めることができるよう，事前に何度も読んでおく。ついタイトルを先に読んでしまう癖がついていると思うが，今回だけは，表紙や扉に書かれたタイトルをわざと伏せて本文を読み始められるよう，練習しておく。

🔖 実践の手順

手順1　タイトルを隠して絵本を数回読む。

　　☞ 何度も出てくるフレーズ「ぜったいたべないからね」をやや強調してゆっくりめに読むと良いでしょう。

子どもたちが作者の言いたかったことをじっくり考えられるような質問をする。そのあと，子どもたちに自分の発見したことや感想を聞いてみる。

  ☞ 例）・妹のローラは次々出てくる苦手な食べ物を前にして，兄のチャーリーに何と言っていたかな？

    ・チャーリーとローラの「トマト」が出てきたときのやり取りを覚えているかな？

手順3 「この本のタイトルは何だと思う？」と聞き，アニマドールは，出た答えを書き出してみる。

手順4 実際のタイトルを伝え，その書名が内容に合っているかどうか意見を出し合う。また，もっと他のタイトルを考えてみて各々発表し，意見を交わし合う。

手順5 最後に，カバーをかけ直して，正しいタイトルとともに本書を初めから読み聞かせ，「また今度，別の物語（絵本）で遊びましょう」と言って，アニマシオンを終える。

🔖 アニマドールの配慮事項

◦ 正式なタイトルではない「タイトル候補」がいくつも出てくると思います。大切なのは，どうしてそのようなタイトルをつけたのか，自分なりの意見が言えることです。時には，言い得て妙！ そうきたか……素晴らしい！ と思えるタイトルに出合うこともあります。大いに納得し，みんなと共有できると良いですね。

🔖 発展（チャレンジ）

◦ 当該絵本のタイトルを知り，内容を深く理解したのち，今度はもう一段階進めて，例えば，『ぜったいたべないからね』というタイトルから，自分ならどんなストーリー展開を考えるか，別のストーリーを模索してみましょう。

◦名作のタイトルをいくつか挙げて，他のタイトルをつけるとしたらどんなタイトルが良いか，子どもたちと話し合ってみてください。

‼ **実践者の工夫・声**

> 子どもの一人から『チャーリーとローラ 食わず嫌い編』という書名が出て，クラスで盛り上がりました。　　　　　　　　　（5歳児担任）

☞「○○編」だと次回作が続々出版される気配がしてナイスですね。

> 『まんげつぶちゅっと』（5歳児）……ローラが食べられるようになったトマトは，トマトではなく，丸くて口の中で，ぶちゅっとつぶれる「まんげつぶちゅっと」でした。　　　　　　　　　　　　（5歳児担任）

☞ このネーミング，とても気に入ってもらえたようですね。素敵です。
　絵本の中に出てくるキーワード的なネーミング……例えば不思議なフレーズ，繰り返し強調されて登場する名前……等々を，子どもたちが嬉々として発見しようとする意欲が出てくると，効果の出る実践です。

- - - - - - - - - - - - - - - - -　**実践におすすめの絵本**　- - - - - - - - - - - - - - - - -

◦『もっかい！（新装版）』
　エミリー・グラヴェット（作・絵）／福本友美子（訳）／フレーベル館／2021年

　ドラゴンの親子のお休み前の絵本の時間。セドリックはお気に入りの絵本を何回もママに「読んで！」とおねだり。「もっかい！」読んでほしいのにママが先に寝てしまい……，大騒動に。
　タイトルになっている「もっかい！」は，まさにこの絵本のキーワード。怒ったセドリックは，火を噴いて，本当に絵本に穴をあけてしまいました。遊び心満載の絵本です。

耳で聞き，
理解・表現する

作戦26：ここだよ

📖 プログラムの概要

　絵本の中に次々と登場する「人物」や「もの」をしっかり認識させることがねらいです。登場人物を模写したカードを使って，お話を聞きながら，登場に合わせてカードを挙げてもらいます。慣れてきたら，カードの中に，実際には出てこないものを紛れ込ませるなど，子どもたちのワクワク感，高揚感が得られるように工夫してみてもおもしろいでしょう。

　実際に耳で聞いたことを理解し，登場人物や物を識別し，表現できるようになるまで，いろいろ工夫してみましょう。

参加者：10～15人
準備物：絵本，登場人物を模写したカード

📖 選書のポイント

1. 次々に登場人物が現れるもの。
2. 次々に現れる登場人物の特徴が明確であるもの。

『てぶくろ』

ウクライナ民話 ／ エウゲーニー・M・ラチョフ（絵）／ うちだりさこ（訳）／
福音館書店 ／ 1965年

あらすじ

　雪の上におじいさんが落として行った手袋に，ネズミが住み込みました。そこへ，カエルやウサギやキツネなどが次々とやってきて，今にも手袋ははじけそう……。個性ある動物の表情が特に素晴らしい絵本です。ラストは，おじいさんが手袋を拾いに来て，おじいさんの連れていた子犬の声に驚いたみんなは，手袋から這い出していなくなってしまいました。

ここに注目！

　名作中の名作，世の中の関心を一挙に集めた一冊。動物たちが個性的なウクライナの民族衣装のような服を着て，すましている表情に注目!!

　何度も読み込み，どんな動物がどの順番で登場するのか，把握できてくると良いですね。

🔖 アニマドールの事前準備

○ 色鉛筆や絵の具，マーカーなどを用いて，絵本の中に登場する動物の絵を描いたカードを作る。

　☞ 参加人数が多い場合は，同じ動物のカードを複数準備し，参加者全員に行き届くようにします。

（例）

▌実践の手順

手順1 数回，読み聞かせる。

手順2 動物のカードをランダムに一人ひとりに手渡す。

手順3 物語の要約をして，ストーリーを理解してもらう。

手順4 「これからもう一度本を読みます。持っている動物が出てきたら，ここだよと言ってカードを挙げてね」と言って，再度読み聞かせる。

手順5 何度か手順4をやってみたら，「よくできました」と子どもたちをねぎらい，「また今度，別の物語（絵本）で遊びましょう」と言って，アニマシオンを終える。

▌アニマドールの配慮事項

• 手順4では，最初は，絵本のネーム（テキスト）通りゆっくりと読み聞かせながら，子どもたちが手に持っているカードを挙げるのを見守ります。なかなか手が挙がらないときは，「クマさんはどこかな？」などと言って，呼びかけてもかまいません。

• 慣れてきたら，きびきびとテンポよく読み進めることが大切です。子どもたちがお話をよく聞いて，手元のカードを遅れずに挙げることができるまで，何度も行ってみましょう。

　☞ 子どもたちが集中して物語を聞き，手元に持っているカードの動物が出てくるタイミングがわかるようになると良いでしょう。

▌発展（チャレンジ）

• 余裕が出てきたら，実際は登場しない動物を挟み込んで違和感をもたせる読み方ができると上級者です。あくまでも，絵本の原作に忠実に登場人物やものを理解することが大切ですが，アニマドールの機転で，他の動物を紛れ込ませるのもおもしろいと思います。

〴 実践者の工夫・声

> ぼーっと聞いていると自分の手に持たされたカードを挙げそこなってしまう子どもたちもいました。森の中だから，絶対「リス」はいたよ！……と言い張る子もいておもしろかったです。　　　（4歳児担任）

> 動物が次々登場する物語が他にもたくさんあるのに気づいて，園文庫から取り出して，登場人物の模写が始まりました。それはそれで楽しかったです。　　　（5歳児担任）

☞ カード作りも実際に楽しいので，子どもたちと一緒に似顔絵を描いて遊べると良いですね。

------------------ **実践におすすめの絵本** ------------------

○『うしろにいるのだあれ』

accototo ふくだとしお・ふくだあきこ（著）／幻冬舎
／2008年

　イヌ，カメ，ネコ，ゾウ……。次々に現れる子どもたちに人気の動物を通して「だれもが見守られている」というメッセージを伝える，ベストセラー絵本。

　この絵本で実践する場合は，次のページに出てくる動物がわかった時点で「ここだよ」と言ってその動物のカードを挙げるように，手順4で説明しておくと良いでしょう。

絵本の歴史

日本の絵本の起源 🖉

　さて，「絵本」という媒体は，いつ頃から世に出てきたのでしょう。日本においては，古くは平安時代，長い巻物に絵を描いた，いわゆる「絵巻物」が現出し，情景や物語を連続して表現していたことは，教科書などでお馴染みですね。文字は，詞書（ことばがき）と呼ばれ，それに絵を添えて表され，さらに，文字と絵が描かれたものを綴じ込んだものは，「綴じ本」または「草紙」と呼ばれていました。

　代表的な「絵巻物」には，紫式部の『源氏物語』や，清少納言の『枕草子』がありましたが，内容はどちらも大人向けのものでした。

　やがて，室町時代〜江戸時代前期にかけて，短編の絵入り物語ができ，「御伽草紙」と呼ばれて，人々の間に浸透していきました。木版刷りの「草双紙」と呼ばれるおとぎ話が出たのもこの頃です。

　江戸時代に出た「赤本」には，『桃太郎』などの昔話が描かれ，子どもたちに人気があったようです。

世界の絵本の起源 🖉

　一方，世界の絵本の起源はどうでしょう。ヨーロッパでは，1450年頃にドイツのヨハネス・グーテンベルクが活版印刷技術を発明したことに端を発します。やがて，「イソップ物語」の英語版が出たりしましたが，子ども向けの本は当初，しつけや教育を目的とした教科書的なものだったようです。

　そんな中，児童文学の父と呼ばれたロンドンの書籍商ジョン・ニューベリーの出した『小さなかわいいポケットブック』（1744年）は，子どもたちの興味を引くユーモラスな絵本でした。彼の名を取った「ニューベリー賞」は，世界で最初の児童文学賞で，アメリカで出版された児童書の中で最も優れたものに贈られる，権威のある文学賞であるといわれています。

　また，『児童文学論』（リリアン H. スミス，石井桃子ほか（訳），岩波書店，1964年）の中で，スミスは，「絵本の伝統は比較的短い。私たちが考える意味での近代的な絵本は，前世紀の最後の25年間に始まった」（209頁）とし，ウォルター・クレーン，ケイト・グリーナウェイ，ランドルフ・コールデコットらがこぞって子どもたちが真に楽しめる美しい絵本を作ったと記しています。

　なお，一説によると，1845年にドイツのハインリッヒ・ホフマンが出版した『もじゃもじゃペーター』が初の絵本であるという説もあるようです。それ以後，ヨーロッパでは続々と有名になった絵本が出版されていきました。

月刊保育絵本の登場

　時を置いて，日本では，1927（昭和2）年に，園向け直販（書店を通さず，園に直接販売された）月刊保育絵本「キンダーブック」が創刊されました。そうして日本でも，戦前戦後を通して，優れた画家と作家の共作による創作絵本が続々と世に出ていくことになったのです。

キンダーブック創刊号

現在のキンダーブック（年長）
2024年4月号

注意力を喚起し，
表現力を高める

作戦27：これ，君のだよ

📖 プログラムの概要

　登場人物とその持ち物が次々と規則的に現れる物語は，子どもたちにとって次に出てくる「物」や「事」を予想して読み進めていく楽しみに満ちています。次々と変化するシチュエーションを楽しみながら読み進め，子どもたちの記憶にとどめることを促し，注意力を喚起していきましょう。

　何度も「絵」と「文」をじっくり味わった後に，「絵」を見せず，文章を読み聞かせ，登場人物と，物語に出てくる「動物」の順番を，目の前のカードを使って結びつけていくことで，子どもたちの「注意力」を喚起します。また，その状況を説明することで，動作の「表現力」を同時に身につけていくプログラムです。

> 参加者：10〜20人
> 準備物：絵本，模写したカード，カードを入れる箱

📖 選書のポイント

1. 登場人物と関連する物との関係性がはっきりしている絵本。
2. ストーリー展開が単純なもの。
　　☞ 比較的同じようなテンポで，次々と「物」が現れてくると，本への理解が深くなります。

『たまごのあかちゃん』

かんざわとしこ（文）／やぎゅうげんいちろう（絵）／福音館書店／1987年

—— あらすじ ——

たまごをモチーフにした絵本はたくさん出ていますが，子どもたちは，「たまご」から何が飛び出すのかワクワクしながらページをめくっていきます。

「ぴっぴっぴっ　こんにちは　にわとりのあかちゃん　こんにちは」，オノマトペを駆使したリズミカルな文とユーモラスな絵で楽しめる秀作絵本。

ここに注目！

『たまごのあかちゃん』は，クイズ形式で，「だれのたまごかな？」と次ページに興味をもたせる要素もある絵本です。次々に登場するたまごから，だれが出てくるのか，何度も何度もページを行ったり来たりして楽しめます。

🏴 アニマドールの事前準備

o 登場人物（ニワトリ・カメ・ヘビなど）と，たまごをすべて模写したカードを作る。

　☞ 同じカードが複数枚あっても良いので，参加者全員に行き届くように準備します。

🏴 実践の手順

手順1　2〜3回読み聞かせて，どんなストーリーなのかを理解してもらう。

手順2　この物語が好きかどうか，どんな登場人物が出てきたか……等と，子どもたちに質問をし，物語に興味をもってもらうための工夫をする。

手順3　事前に準備したカードを箱に入れ，参加者に1枚ずつ引いてもらう。

　☞ 登場人物のカードを入れた箱と，各々の登場人物に合った「物（今回はたまご）」を入れた箱を分けても良いでしょう。

手順4 次々に現れる登場人物（動物）がどのたまごから出てきたかを考えて，順番に結びつけていく。

☞ 例）アニマドールは，「最初にたまごから生まれたのはだれ？」と質問する。
「ニワトリ」を引いた人：「はーい」。ニワトリのたまごを持っている人を指名。
また，「巨大なたまご」カードを引いた人：「はーい。きょうりゅうのたまご！」
と言いながら，きょうりゅうのカードを持った人を指名。
以下，登場人物のカード・たまごカードを持った各々が，順次発表して椅子の上に置いてみる。

☞ 物語の進行通りに並び替えていくのも良いでしょう。

手順5 一通りできたら，もう一度，すべてのカードをアニマドールが箱の中に入れ，順次，箱から取り出して置いていき，みんなで「これ，だれの？」「それ，カメのたまごだよ」などと指摘し合う。

☞ 必ずしもストーリー通りの順に箱の中に入っていなくても大丈夫です。子どもたちと話し合いながら並べ替えてみても良いでしょう。

手順6 アニマドールは，この物語で何を表現したかったのかを考えながら，全体にどんな感想をもったかを話し合う。

☞ 声かけの例）「いろいろなたまごがあったね。今度は，本物のヘビのたまごを図鑑で調べてみようね」

手順7 最後にもう一度最初から読み聞かせ，「また今度，別の物語（絵本）で遊びましょう」と言って，アニマシオンを終える。

🔖 アニマドールの配慮事項

∘ 物語の絵と文をじっくり読み聞かせる環境を整えましょう。

∘ 子どもたちが混乱しないように，初めは，カードの引き方，使い方をアニマドールが指示をしても良いでしょう。

🔖 発展（チャレンジ）

∘「たまご」を題材にした絵本は他にもたくさん出版されています。調べてみましょう。

☞ 例）『**だれのたまご**』斎藤洋（作）／高畠那生（絵）／フレーベル館／2012年
次々に現れる変なたまごから生まれるシュールなたまごの絵本。
『**たまごのえほん**』いしかわこうじ（作・絵）／童心社／2009年
たまごの中から可愛い動物が現れる仕掛け絵本。三方向に開いていく仕掛け
が絶妙。

⁝ 実践者の工夫・声

『たまごのあかちゃん』は，子どもたちの大好きな絵本。常に教室に置
かれており，既にクラスのみんなに親しみのある絵本だったので，1対
1対応がスムーズにできました。　　　　　　　　　　　　（4歳児担任）

たまごに興味をもってくれたので，本物のたまごの写真を図鑑で見せる
と，興味津々でした。それを模写している子もいましたよ。
　　　　　　　　　　　　　　　　　　　　　　　　　　（異年齢児担任）

動物に興味をもっている子どもたちが多いので，その動物の大好物特集
をして，例えば，笹の葉っぱ→パンダ，ニンジン→ウマ……等々，1対
1対応をして実践していました。　　　　　　　　　　　　（5歳児担任）

☞ アニマドールの機転の利かせ方でもっともっと豊かに遊びが広がります。

-------------------- **実践におすすめの絵本** --------------------

○『みんなうんち』

五味太郎（作）／福音館書店／1977年

　子どもたちが興味津々の「うんち」の絵本。
いろいろな動物のおしりといろいろな形のう
んちは，大きさや色，においもみんな違いま
す。だれがどんなうんちをしたのかな？　ぞ
うやねずみ，魚や鳥もどんなうんちをするの
だろうか……？「いきものはたべるから，
みんなうんちをするんだね」という，当たり
前だけれど大切なことを教えてくれる絵本で
す。

詩の音読，
連帯感・仲間意識をもつ

→ 作戦48：吟遊詩人

📖 プログラムの概要

　「詩」とは何なのかを知り，詩の楽しさに目覚めさせます。アニマドールが音読をし，子どもたちがやがて歌うように体全体で表現できるように導きましょう。このプログラムの元となっている「作戦48」は，朗誦（声に出して読む）の訓練がねらいなので，「吟遊詩人」というタイトルがついています。

　オノマトペの楽しさ，リズミカルな言葉の楽しさに目覚め，詩に込められている感情を味わいましょう。詩をめぐる活動の中から，子どもたちの仲間意識，連帯感が育っていくのもねらいです。

参加者：20人前後
準備物：詩集・詩の絵本

📖 選書のポイント

1. オノマトペを多用していたり，抒情詩（詩人個人の主観的感情や思想を表現）や叙事詩（物事・出来事を解説する韻文）でも，子どもたちにとって身近なシチュエーションが背景になっていたりする詩が収録されているもの。
2. 体全体で表現したくなる，想像力をかきたてられる詩が収録されているもの。
3. 未就学児向けであれば，さし絵のあるものが望ましい。

『どきん』

谷川俊太郎（作）／和田 誠（絵）／理論社／1983年

あらすじ

「みち」「ひゃくえんだま」「海の駅」「歩くうた」「いしっころ」……など，詩人・谷川俊太郎のみずみずしい軽やかな言葉遊びの本。詩「どきん」は，小学校の教科書にも出てきます。

ここに注目！

　言葉のひびきも豊かに，子どもたちに新鮮で楽しい世界を広げてくれる詩集です。見なれた風景が魔法のように別のものに一変！　オノマトペを駆使したリズム感あふれる詩を存分に味わってみましょう。

📗 アニマドールの事前準備

- 様々な詩を何編も鑑賞し，詩集の中から，子どもたちとアニマシオンの実践にふさわしい詩を一編選んで，じっくり味わっておく。
- オノマトペに合わせた体の動きを研究しておく。
- リズミカルな言葉を表現できるよう，読みの練習をする。

📗 実践の手順

手順1　静かな環境で，詩を2〜3回声に出して読み，子どもたちに聞かせる。

手順2　実際に，子どもたちにパントマイム的な動作を促し，一緒に表現してみる。

　☞ 例）「そよそよ」……静かに揺れるような動作，「ぐいぐい」……力強く引っ張るような動作

手順3 リズミカルな詩を音読する。表現の楽しさを感じながら，メロディーをつけてワンフレーズずつ，アニマドールが吟じた（歌った）後に，子どもたちも吟じてみる。

手順4 子どもたちと何度か吟じて楽しんだ後に，最後にアニマドールがもう一度吟じ，「また今度，別の物語（絵本）で遊びましょう」と言って，アニマシオンを終える。

▌ アニマドールの配慮事項

- 声に出して読んだり，表現したりすることへの苦手意識を取り除くためにも，広い場所で行うなど，参加者全員がパフォーマンスできる環境を整えましょう。
- 元（オリジナル）の作戦では，気に入った詩集の中から，各自がうまく朗誦できる詩を選び，どの詩が良かったか点数をつけるのですが，本プログラムでは優劣をつけるのが目的ではないので，詩というものをじっくり味わい，朗誦への苦手意識を取り除くことを主眼に置いて実行します。
- 実践を行う際，子どもたちがどのくらい「詩」に愛情をもてるかを大切にしましょう。最初は意味がよくわからない詩でも，リズミカルに朗誦し，暗記できるほどスラスラと詠めるようになると，子どもたちの間にも連帯感や仲間意識が出てくるものです。

▌ 発展（チャレンジ）

- 「詩」という表現形態が楽しくなってきたら，有名な詩をまねて，同じタイトルで短い文章を作ってみるのも良いでしょう。幼い子どもたちに，いきなり詩を作ってもらうのは難しいので，まずはアニマドールがチャレンジしてみると良いでしょう。果たして，子どもたちの反応はいかに……。

♪ **実践者の工夫・声**

> これまで一人で詩を読むとき，意識したことはなかったのですが，子ど
> もたちと一緒に声に出して読んでみると，その詩が作られた背景や作者
> の心情がわかる気がして，新しい発見でした。　　　　　（施設長）

☞ みなさんもよくご存知の中原中也は，自分の書いた詩を好んで朗誦していたとい
　います。『サーカス』の「ゆやーん　ゆよーん　ゆやゆよん」はあまりにも有名で
　すね。いつの世も，詩人たちは，独創的なオノマトペを生み出そうと腐心してい
　るのではないでしょうか。

-------------------- **実践におすすめの絵本** --------------------

○「へんなかくれんぼ──子どもの季節とあそびのうた」
　岸田衿子（詩）／織茂恭子（絵）／のら書店／1990年

　「いろんな　おとの　あめ」

　　あめ　あめ
　　いろんな　おとの　あめ

　　はっぱに　あたって　（ぴとん）
　　まどに　あたって　（ぱちん）
　　かさに　あたって　（ぱらん）
　　ほっぺに　あたって　（ぷちん）
　　てのひらの　なかに　（ぽとん）
　　こいぬの　はなに　（ぴこん）
　　こねこの　しっぽに　（しゅるん）
　　かえるの　せなかに　（ぴたん）
　　すみれの　はなに　（しとん）
　　くるまの　やねに　（とてん）

　　あめ　あめ　あめ　あめ
　　いろんな　おとの　あめ

　この（　　　）の中の言葉は，岸田衿子の感じた音。子どもたちならどんな
オノマトペを入れるでしょうか？

絵を楽しみ，
想像力を働かせる

➡ 作戦50：どこですか？

📖 プログラムの概要

　絵をじっくり見せて，シーンを語ってもらうことで，感受性を豊かにし，想像力を育みます。ねらいは，絵本を読むこと，特に，絵をよく見，絵の意味を想像し，よく考えることにあります。状況を把握したり，話を創造したりする力をつけるのに最適なプログラムです。仲間の意見を聞き，取り入れることによって，想像力の幅がグンと広がります。

> 参加者：20〜30人
> 準備物：絵本

📖 選書のポイント

1. 1つの画面に様々な登場人物が活動している，変化に富んだ絵が描かれている本。
2. その絵の中からいくつかの特徴的なシーンを取り上げるので，描かれている場面の状況を言葉にしやすいもの。
3. すぐに適当な絵本が見つからない場合は，1枚の印刷されている絵でも，子ども向けの雑誌や本のさし絵でも良いので，多くの人物や物が描かれた絵を選ぶようにしましょう。

選んだ本　『さがしてごらん 100にん かくれんぼ』

せべまさゆき（作・絵）／偕成社／2009年

─── あらすじ ───

　各ページに，子ども100人，王さま100人，マラソンランナー100人……がいます。数えて，探して，一冊で何通りもの遊び方ができる，驚きの探し絵絵本です。

ここに注目！

　どのページを開いても，100人ずつの絵がずらりと並んでいる絵本。絵の迫力に圧倒されます。絵をじっくり眺めたり，いろいろな人や果物や動物を探したり，100人を数えたり，何通りもの遊び方ができます。長時間，遊ぶことができる絵本を使ってアニマシオンが楽しめます。

🚩 アニマドールの事前準備

- 絵本の絵をじっくり隅々まで観察し，子どもたちに何を探させるのかを考えておきましょう。
- まずはそれぞれのページで，100人いる登場人物の中から1人を選び，そのページ内での状況を記しておきます。

🚩 実践の手順

[手順1]　絵本を読み聞かせる。

[手順2]　子どもたちに「それぞれのページに100人の人が描いてあります。その中から探してほしい人を言いますから，ページの中から探してみてください」と説明する。

☞ 本文に書かれた問い以外のシーンを抜き出してみると良いでしょう。

☞ 例）（一場面を見せながら）「このページで，○○をしているかいぞくはどこにいますか？」

手順3 次に，アニマドールが選んだページをよく見せて，「自分がこの見開きのページの中に紛れ込んだとしたら，何をしていると思いますか？」と問いかけ，答えを引き出す。

☞ Aグループ，Bグループ……など，複数人でグループを作って，話し合いながら進めていっても良いでしょう。

例）木登りをして，てっぺんで手を振るよ。

手順4 同一ページの各場面の状況を取り上げ，子どもたちに質問する。見開きいっぱいに描かれた絵をじっくり観察し，それぞれのシーンがどういう状況なのか説明してもらう。

手順5 自分のお気に入りの見開きページに自分の描き入れたいものを描かせる。

☞ 例）「このページに何かを加えるとしたら何にしますか？」と問いかけてみましょう。

回答例：「長いホットドッグの脇にケチャップ」「木登りをしている木のてっぺんにサル」など。

手順6 最後にもう一度最初から読み聞かせ，「また今度，別の物語（絵本）で遊びましょう」と言って，アニマシオンを終える。

📑 アニマドールの配慮事項

∘ 絵本の絵をじっくり観察して，描かれた絵の状況を説明するのは案外難しいもの。観察力と注意力，論理性が要求されます。わからない子どもがいたら，絵を見せて，画面全体の世界観を説明してあげましょう。

∘ その絵本の画面を見て，「この後どうなるかな？」「ここで何と言っていると思う？」など，想像力を刺激するような問いかけができれば上級者です。

☞ 自分が作者なら，ここにこんな絵を描く，という視点を伝えられると良いですね。

🏴 発展（チャレンジ）

- 慣れてきたら，2〜3人（異年齢でも可）のグループで，自分たちが作った問題を出し合っても楽しいでしょう。
- 絵本の主人公を設定し，自由に物語を作って，その人物を交互に当ててもらうのも良いでしょう。本来の物語以外のストーリーを想像するのは，少々難易度は高くなりますが，言葉にしようとすることで，表現力が高まります。

⁝ 実践者の工夫・声

> 「画面を右と左に分けて探すよ」と，グループのリーダーの一声。教えたわけではないのに，2グループでどちらが先に見つけるか，早さも競って，嬉々として行っていました。
>
> （異年齢児担任）

> 「メガネをかけている子はどこ？」「○○を持っている人は？」など，一人で見つけ出すのが難しい年齢でも，グループで会話しながら探していけると安心。同時に語彙も増やせるというメリットがありました。
>
> （5歳児担任）

☞ いろいろな遊び方ができるので，あまり型にはめずに自由に遊べると良いでしょう。

- - - - - - - - - - - - - - - - - - 　**実践におすすめの絵本**　- - - - - - - - - - - - - - - - - -

- 『NEW ウォーリーをさがせ！』
  マーティン・ハンドフォード（作・絵）／フレーベル館／2017年

　初版は，35年前。新装版が出て，イラストの一部が新しくなり，チェックリストも充実。楽しさもボリュームもアップして大満足の探し絵絵本筆頭の一冊。赤と白の縞模様の服，長靴下，帽子，ジーンズ姿のウォーリーや魔法使いの白ひげのおじさんを探すのみならず，各ページに無数の人や物がうごめいているのを見て，イマジネーションを働かせるのも良いでしょう。

絵本のジャンル

「絵本」といっても，様々なジャンルがあります。一通り理解しておくと良いでしょう。

赤ちゃん絵本 ✎

0歳から読み聞かせができる子どもたちにとってのファーストブック。

赤ちゃんにとっても絵本は大人との大切な触れ合い，コミュニケーションのためのツール。写実的な絵，シンプルな言葉とリズム，身の回りの世界を描いたやさしさあふれる絵本がおすすめ。

例)『**いないいないばあ**』松谷みよ子
（文）／瀬川康男（絵）／童心社／
1967年

　　『**おつきさまこんばんは**』林　明子
（作）／福音館書店／1986年

物語絵本 ✎

フィクション性の強いストーリーを楽しむ絵本。言葉をつむいで物語は作られていくが，子どもたちは物語絵本の主人公に自身を重ね合わせ，想像力を働かせながら読んでいく。

例)『**ちいさなうさこちゃん**』ディック・
ブルーナ（文・絵）／いしいももこ
（訳）／福音館書店／1964年

　　『**おばけのバーバパパ**』アネット・チ
ゾン, タラス・テイラー（作）／山
下明生（訳）／偕成社／1972年

昔話・民話絵本 🖍

　子どもたちに長く読みつがれてきた日本の昔話等，再話（再構成）をしながら語り継がれてきた絵本。勧善懲悪の物語，ユーモアたっぷりの物語，各地に伝わる悲しくて辛い結末の物語……等々，昔懐かしい絵本群にも目を通してみたい。

例）『**かさじぞう**』瀬田貞二（再話）／赤羽
　　　末吉（画）／福音館書店／1961年
　　　『**だいくとおにろく**』松居　直（再話）
　　　／赤羽末吉（画）／福音館書店／
　　　1962年

生活絵本 🖍

　生活絵本は，子どもたちの日常を描いた絵本で，絵本を見ながらたくさんの会話や発見ができる。また，園や家庭で大人気の生活習慣を身につけるための絵本もこのジャンルに入る。

例）『**はけたよはけたよ**』かんざわとしこ
　　　（文）／にしまきかやこ（絵）／偕成社
　　　／1970年
　　　『**おふろだいすき**』松岡享子（作）／林
　　　明子（絵）／福音館書店／1982年

ナンセンス絵本 🖍

　独特な表現で描かれたユーモアたっぷりの絵本，意味もなく笑いがこみあげてくる絵本。ナンセンス絵本の巨匠といえば，長新太の絵本が有名。

例）『**キャベツくん**』長　新太（文・絵）／
　　　文研出版／1980年
　　　『**ゴムあたま　ポンたろう**』長　新太（作）
　　　／童心社／1998年

科学絵本 ✏️

　食べ物や体，遊び等々，身近な自然や科学のテーマをわかりやすく展開した絵本。子どもたちの知識欲が刺激され，実際に見たり作ったり試したり……と，絵本で知り得た事柄を確かめてみたくなる。

例）『**しずくのぼうけん**』マリア・テルリ
コフスカ（作）／ボフダン・ブテンコ（絵）／うちだりさこ（訳）／福音館書店／1969年

　『**みんなうんち**』五味太郎（作）／福音館書店／1977年

保育絵本 ✏️

　子どもたちの成長・発達段階に合わせて，保育の中で活かせるように計画的に作られている，いわば園における教材。子どもたちの成長に欠かせないやさしさと思いやりの心，好奇心の芽生え，大切な生活習慣，友だちとのかかわりと遊び……等を子どもたちのもとに毎月届けている。

例）「**キンダーブック**」フレーベル館／1927年
創刊

　「**ワンダーブック**」世界文化社／1968年
創刊

写真絵本 ✏️

　絵やイラストの代わりに写真で構成された絵本。リアルな写真から，想像力を働かせて，物語の世界に入っていけるよう構成されている。

例）『**はるにれ**』姉崎一馬（写真）／福音館書店／1979年

　『**干し柿**』西村 豊（文・写真）／あかね書房／2006年

 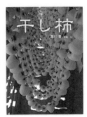

仕掛け絵本 ✏️

　開くと飛び出したり（ポップアップ），めくったりひっぱったり，穴があいていたり，違う材質の物が貼りつけられていてさわれたり，においがついていたり……様々な仕掛けを駆使して構成された遊び絵本。

例）『**不思議の国のアリス**』ロバート・サ
　　　ブダ（作・絵）／ルイス・キャロ
　　　ル（原作）／わくはじめ（訳）／
　　　大日本絵画／2004年
　　『**ねむるねこざかな**』わたなべゆうい
　　　ち（作・絵）／フレーベル館／
　　　2003年

その他 ✏️

　他にも，『NEW ウォーリーをさがせ！』のような「探し絵絵本」，『これはのみのぴこ』のような「言葉遊び絵本」……等々，多岐にわたる分類がある。

例）『**NEW ウォーリーをさがせ！**』マーティ
　　　ン・ハンドフォード（作・絵）／フ
　　　レーベル館／2017年
　　『**これはのみのぴこ**』谷川俊太郎（作）／
　　　和田　誠（絵）／サンリード／1979年

注意力・観察力を育てる

➡ 作戦51：何かの役に立つ？

■ プログラムの概要

　中級6（作戦50）と同じように，子どもたちが絵本の絵に注意を向け，想像力を働かせて読み進めていくことをねらいとし，絵の表す場面との類似点・相違点を探すことに重点を置いています。

　絵本の中で，さほど重要な意味をもたないサブストーリー的な要素でも，注意深く画面の絵を食い入るように眺めると，そこから全く別の絵本のストーリーの背景が浮かび上がってきたりするものです。絵を読み取る力，注意力・観察力を育てるのに最適です。

参加者：10〜30人
準備物：絵本，2種類のカード（正しい模写をしたカードと何かを変えて模写したカード）

■ 選書のポイント

1．一つひとつの画面の絵（事物）が，はっきりとした輪郭線で描かれているもの。

2．各場面の状況が明確で，言葉にすることができる絵本。

『きんぎょが にげた』

五味太郎（作）／福音館書店／1977年

あらすじ

金魚鉢にきんぎょがいっぴき。「あ，きんぎょにげた！」「どこににげた」「こんどはどこ」。金魚鉢から逃げ出したきんぎょは，カーテンのもようの中に隠れたり，植木鉢の中に隠れたり……，ページをめくるたびに，逃げたきんぎょがどこかに隠れています。水槽でひとりぼっちだったきんぎょは，最後に，たくさんのきんぎょがいる池の中にダイビング。めでたしめでたし！

ここに注目！

日本を代表する絵本作家・五味太郎。実に400冊を超える作品の中でも一，二を争うロングセラーの作品，『きんぎょがにげた』（300万部超え）は子どもたちが大好きな絵探し絵本です。事物がはっきり描かれている絵本なので，注意力を引き出し，観察力を鍛える絵本として最適です。

📑 アニマドールの事前準備

- 画面に出てくる部屋の中のいろいろな事物を模写したカード（本物）と，その事物の色や形，表現を変えたカード（偽物）の2種類を1セットとして人数分準備する。カードはコピーするなどして，参加者全員に行き渡るように調整する。
  - ☞ 例）置き時計はアナログ？ デジタル？ ハンガーに青いスーツ？ 黄色いスーツ？ など。

（例）

〈本物〉 　〈偽物〉

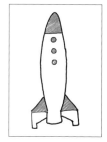 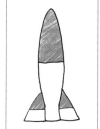

🔖 実践の手順

[手順1]　物語の絵をよく見せながら，「静かに聞いていてね」と言って2，
3回読み聞かせをする。

[手順2]　各ページのどこに金魚が隠れているか絵探しをして遊ぶ。

[手順3]　子どもたちにカードを1セットずつ配る。

[手順4]　1画面ずつよく見せて，そこにあるものを印象づける。

[手順5]　絵本をめくりながら，自分の持っているカードと同じシーンが出
てきたら，「その絵，持っているよ」などと教えてもらう。アニマドー
ルは「何の絵？」「どっちのカードは役に立つ？　どっちは役に立たな
い？」（実際に画面に出てきたか否か）「なぜ？」と聞いてみる。

　　　☞　その画面に出てくる事物の模写（本物）と，違う表現がされているものを見分け
る力を養います。実際出てくるものの模写は，「役に立つ」と言い，違うものが
出てきたら，「役に立たない」という表現をします。低年齢で難しければ，「う
ん」「ううん」，「○」「×」などと言ってもらっても良いでしょう。

[手順6]　一通り比べ終わったら，積極的に「絵を読む」ことができたかを
確かめて，感想を述べてもらう。

[手順7]　最後に絵本の画面を見せながら，再度読み聞かせをし，「また今
度，別の物語（絵本）で遊びましょう」と言って，アニマシオンを終え
る。

🔖 アニマドールの配慮事項

○　自分のカードの絵が何なのかを表現させることが大切です。同じカード
でも子どもによって説明の仕方が違うことも意識してもらいましょう。
実際の物語に関係のない絵を「役に立つ」と言ってしまっても「違う
よ」と否定せずに，なぜそう思ったかを言ってもらうことで，論理性を
育んでいきます。

○　子どもたちが，絵本の画面の状況を答えやすいように，見開き画面ごと

にどんな背景（情景）なのかを説明し，子どもたちの言葉が出やすいように工夫できると良いでしょう。

☞ 例）色の違うスーツのカードを用意した場合，「ハンガーにかかっていたスーツは水色だったね」「黄色いスーツが部屋のすみにあったね」……など。

📑 発展（チャレンジ）

○ この実践は，子どもたちの注意をぐっと「絵を読む」ことに引き寄せるねらいがあります。絵本の見開きの絵に限らず，たくさんの人物やグッズが描かれているものを見せながら，その一部を切り取って，その画面に出てきたか否かを当ててもらうのも，おもしろいでしょう。

○ 単に「役に立つ」「立たない」を勘で答えるのではなく，自分の手元にきたカードをよく見て，どういう状況の絵なのかを説明し，元のさし絵と関連づけられるようになってくると，注意力，観察力に加えて，集中力を養うことにもなります。

- - - - - - - - - - - - - - - - - - 　**実践におすすめの絵本**　- - - - - - - - - - - - - - - - - -

○『ひよこは　にげます』

五味太郎（作）／福音館書店／2018年

　おうちを飛び出して，絵本の中をひよこが元気に逃げ回っています。草むらに逃げたり，バスに乗ったり……，様々な経験をしながら，ひたすら逃げていきます。さて，たどり着く先は……。

　『きんぎょがにげた』から40年の時を経て，今度はひよこが逃げています。シンプルな画面が多いので，模写もしやすいでしょう。

感情を引き出す，観察力を発達させる

→ 作戦53：よく見る，見える

■ プログラムの概要

　絵本というのは，絵を見ながらストーリーを理解していくものだということを丁寧にわかってもらうプログラムです。作者の感情・意図を理解し，言葉で表現できるように導いていきます。

　そのためには，物語の進行に効果的に作用している事物や景色の描き込みなどをじっくり観察してもらい，物語の深みを味わってもらいます。よく見ようとすると「見えてくる」事実，作者が意図して描写した物に隠された感情を言葉で言い表すことができるよう導いていきましょう。次第に子どもたちの観察力もアップしていきます。

参加者：10〜30人
準備物：絵本

■ 選書のポイント

1. 登場人物や物，景色の細部まで丁寧に描き込まれたさし絵で描かれている絵本。
2. 起承転結のはっきりした物語絵本。

『おおかみと七ひきのこやぎ』

グリム童話／フェリクス・ホフマン（絵）／せたていじ（訳）／福音館書店／1967年

あらすじ

グリム童話の名作の一つで，悪いオオカミを懲らしめるお話。お母さんヤギが7ひきの子ヤギを残して町に出かけました。だれが来ても決してドアを開けてはいけない！　と注意をして家を出たのに，子ヤギたちは恐ろしいオオカミを部屋に入れてしまいます。あっという間に6ぴきの子ヤギはオオカミに飲み込まれ，間一髪で柱時計の中に隠れた末っ子

のヤギは助かりました。おなかいっぱいになったオオカミはそのまま眠りこけてしまいます。さあ，そこへお母さんヤギが帰ってきて，オオカミのおなかを切り裂き，子ヤギたちを救出します。

ここに注目！

あまりにも有名なグリム童話ですが，子ヤギたちがオオカミに襲われたことを知ったお母さんヤギの衝撃が，バタンと倒れた赤いパラソルとお母さんヤギの驚愕の表情に表れていて，そのシーンが印象的。子ども心に悪いことをしたらお仕置きされる，懲らしめられるものなのだ……と納得させられるストーリー。

🔖 アニマドールの事前準備

- 絵本を細部にわたってじっくり読み解き，物語の主人公の感情の変化，作者の意図しているものを想像しておくことが大切。
- 質問をいくつか準備しておく。

🔖 実践の手順

手順1　絵本の絵をしっかり見せながら，読み聞かせをする。

手順2　ストーリーを理解し，絵の表現の隅々まで意識が行き届くようにアニマドールが補足し，ストーリー展開がよく理解できるまで何度でも

読み聞かせる。

[手順3] アニマドールは準備しておいたいくつかの質問をする。質問は見開き1画面に何個でも良い。再度絵本を見ながら答えてもらう。

☞ 例）1．「もしオオカミが来たらどこに隠れる？」（画面のどこ？）
2．「お母さんヤギが持っていたパラソルはどうなったの？」（部屋の惨状を言葉で表す）
3．「1ぴきだけ助かった末っ子のヤギはどこにいたの？」（具体的な場所を言ってもらう）
4．「ヤギのお父さんはどうしたのだと思う？」（写真立ての存在などから想像させる）

[手順4] 最後にもう一度最初から読み聞かせ、「また今度，別の物語（絵本）で遊びましょう」と言って，アニマシオンを終える。

▮ アニマドールの配慮事項

∘ 子どもたちが絵本の絵を隅々までじっくり観察する時間をたっぷりとってあげましょう。登場人物に感情移入できるよう，声かけすることが大切です。

☞ 例）「7ひき目の子ヤギはどこに隠れているのかな？ 助かってくれるといいね」などと，登場人物と自分を重ね合わせられるよう導いていきましょう。

∘ 1画面1画面，ストーリーを深読みするように，じっくりと観察しながら（なぜそのようなシーンが描かれているのかを考えながら）読み進めていくと，子どもたちの理解も深まるでしょう。

☞「お母さんヤギはなぜ，手に持っていたパラソルを床に落としたのかな？」お母さんヤギは，子ヤギたちがオオカミに食べられたことを知って，手に持ったパラソルを床に落としてしまったことで，そのショックの度合いを表していることを解説します。

▮ 発展（チャレンジ）

∘ 子どもたちに，「君が七ひきの子ヤギならどうする？」など，子ヤギの立場になって，オオカミが襲ってきたらどうすれば良いか……など，話し合ってみても良いでしょう。

∘時計の針が進むのがわかるようになったら，見開き2画面の前後を見比べてみると良いでしょう。実際に時間の概念が理解できるようになったら，もっと深くストーリーの緊迫感などを味わえるようになります。

⁑ 実践者の工夫・声

> グリム童話『おおかみと七ひきのこやぎ』は，いろいろな出版社から何種類もの絵本になっていますが，少しずつ描写が違うので，読み比べてみて，いろいろなことに気づきました。福音館書店版の本書は，絵がとてもリアルで最初は怖かったのですが，悪いオオカミをやっつけるシーンにはじーんとくるものがありました。
> （施設長）

> 「おおかみしんだ　おおかみしんだ」に抵抗のある保護者も多いのですが，大切な子どもたちを食べられたお母さんヤギの悲しみや，お父さんヤギもおそらく食べられて死んでしまったのでは……と想像できるシーンもあって，登場人物の気持ちを考えるには，ぴったりの絵本だと思ったので，じっくりシーンごとに質問をし，アニマシオンを行ってみました。
> （5歳児担任）

------------------ 実践におすすめの絵本 ------------------

∘『さくらのさくひ』

矢崎節夫（文）／福原ゆきお（絵）／フレーベル館／2007年

友だちのいないモグラは，さくらと友だちになりました。年を取ったさくらは，花を咲かせることができず，モグラは，大好きなさくらのために，何度も何度も水をすくってさくらのもとに運びます。力尽きて倒れてしまったモグラの目に涙。すると頭上には……。美しい友情を描いた物語。

ストーリーの核心に
入り込み，批判力を高める

→ 作戦54：だれが，だれに，何を？

📘 プログラムの概要

　登場人物のセリフの意味を理解しながら順に読み解いていくことで，自分の感情と，作者の意図するところが同じか否か……，考えながら進めていきます。

　登場人物一人ひとりのセリフをよく聞き，だれが，だれに向かって，どんな気持ちで言ったセリフなのかを確認しながら，深く考えてみることが大切です。

参加者：10〜15人
準備物：絵本，登場人物のセリフを書いたカード

📗 選書のポイント

1. 起承転結がはっきりしていて，主人公の特徴，性格がわかりやすいもの。
2. 登場人物の会話が中心となって，展開する作品。
   ☞ 例）登場人物の相反する意見や裏腹な感情などが表現されて展開していく物語。

『ヤンときいろいブルンル』

やすいすえこ（作）／黒井 健（絵）／フレーベル館／1986年

―――――― あらすじ ――――――

　ヤンは子ネコ，ブルンルは黄色い自動車。ヤンはブルンルに乗ってドライブするのが大好き。その大好きなブルンルが，ある日いなくなって，ヤンは必死でブルンルを探す旅に出ます。やっと出会うことができたヤンとブルンル。しかし，ブルンルはヤンに……。

ここに注目！

　物語の前半では，ものを大切にしない人間の身勝手さが描かれます。後半では，主人公のヤンとブルンル 2 人の絶妙なセリフのやり取りに胸が熱くなります。

🔖 アニマドールの事前準備

○ 登場人物のセリフをすべて抜き出して， 1 つのカードに 1 つずつのセリフを書いておく。アニマドールは，だれがだれに言った言葉なのかを，メモしておくと良い。

🔖 実践の手順

[手順1]　まずは，本書を読み聞かせ，どんな話だったのか，子どもたち同士で感想を言い合う。

　☞ 登場人物のことや役割について，解説したりはしない。

[手順2]　アニマドールが事前に準備しておいた，会話を抜き出したカードをランダムに参加者に手渡し，だれがだれに言ったセリフなのかを当てていく。シャッフルして，何度か試すと良い。

　☞ できれば，そのセリフがどんな状況で語られたものなのか，説明できるとなお良いでしょう。難しければ，アニマドールが説明していきましょう。

　☞ なお，未就学児で文字の読めない子どもたち対象の場合は，アニマドールが手渡

す際に読み上げましょう。

☞ セリフによって，どんな読み方をすると良かったのか，そのセリフを口に出してみることで，その登場人物のイメージが良くなったのか悪くなったのか，この物語に共感を覚えるか覚えないか……など，アニマドールは，この実践によって，この絵本を深く知り，子どもたちが批判力（様々なものの見方ができる力）を高められるように誘導しましょう。

手順3　絵本を見せないで，ラストシーンの絵を描いてもらう。みんなでその絵の感想を言い合う。

手順4　最後にもう一度最初から読み聞かせ，「また今度，別の物語（絵本）で遊びましょう」と言って，アニマシオンを終える。

■ アニマドールの配慮事項

○ 本を読んで，批判する力を引き出すことが大切です。思っていることと逆のことを言ったりするとき，実は相手を思いやってのことだった……というようなケースはたくさん出てきます。
　作者が本当に描きたかった心情にたどり着くまで，声かけができると良いですね。

☞ 例）「なぜブルンルはヤンに帰ってくれと言ったと思う？」
「ヤンは新しい車と一緒のほうが幸せになれると思ったから」
「本当は来てくれたことが嬉しかったんだよね」など，都度，その物語の登場人物が本当はどんな気持ちでそのセリフを言ったのか，話し合いましょう。

■ 発展（チャレンジ）

○ 一通りカードを使って「だれのセリフか」を当てて一巡したら，絵本全体のセリフの読み方（速さや抑揚など）をどうすれば良いかをみんなで話し合ってみましょう。最初にざっと読んだときと，十分に実践を行った後とでは，セリフの読み方も異なり，物語に対する思いや感想も違ってくるものです。

⸎実践者の工夫・声

> ラストシーンの絵を私たち自身が描いてみんなに見せたら，「もっと明るい色で描いたほうがいい」「雨が止んだんだよ」など，いろいろな意見が子どもたちから出た。これからじっくり子どもたちと話し合っていきたい。
>
> （異年齢児担任）

> 年長クラスでは，セリフの出てくるシーンを，登場人物になりきって各自が声に出して読んでいました。声に出すことは物語を理解するうえで効果的なんだなと思いました。
>
> （5歳児担任）

-------------------- 実践におすすめの絵本 --------------------

◦『だってだってのおばあさん（新装版）』

佐野洋子（作・絵）／フレーベル館／2009年

　98歳のおばあさんと，一緒に暮らすねこの物語。おばあさんは，「だって　わたしは　98だもの」が口癖。99歳の誕生日に，おばあさんは上手にケーキを焼いて，ねこはろうそくを買いに行きますが，急いでいたせいで，川にろうそくのほとんどを落としてしまい……。残ったろうそくは5本。5本のろうそくでお祝いをしたおばあさんは，何と次の日から，5歳のおばあさんになります。

　ユーモアたっぷりの2人のセリフを声に出して，アニマシオンをやってみましょう。2人の交わす会話の真意を知ることは，物語を深く理解することにつながっていきます。

ミリオンセラーの絵本たち

　アニマドールにとって大切なことは，一冊でも多くの優れた絵本に出合い，その世界観を存分に楽しむことです。古今東西，発行された絵本の中でも，ミリオンセラーになった絵本をじっくり鑑賞することは，とても有意義なことだと思います。

　ミリオンセラーとは，日本での発行部数が100万部以上の売り上げを記録する商品のことを言います。絵本は特に3世代4世代にわたり，長い年月をかけて売れ，読みつがれていくロングセラーのかたちをとるものが多いです。

　戦後，最多の発行部数を誇る一般書籍『窓ぎわのトットちゃん』（黒柳徹子，講談社，1981年）は，なんと国内で750万部を記録（単行本＋文庫本）し，人々の記憶に残りました。世代を超えて人々に読みつがれていくミリオンセラー本が，なぜミリオンセラーになっていったのか，その絵本の魅力を探りながら，鑑賞してみましょう。

　また，ミリオンセラーの絵本は，初版本と現在発行の絵本を比べてみる楽しさもあります。各版元の工夫によって，時代に合わせた改訂作業が行われているのです。発行年代ごとの傾向を追うのも一考だと思います。

　以下，ミリオンセラーの魅力，保育・子育ての現場での楽しみ方をお披露目します。

　「ここがポイント！」の欄では，その絵本の魅力と特徴，アニマシオン実践の際のヒントになる一言を明記しています。もっと魅力を知りたい方は，あわせて，『これだけは読んでおきたい　すてきな絵本100』（木村美幸，風鳴舎，2022年）もぜひ参考にしてみてください。

『かいじゅうたちのいるところ』

モーリス・センダック（作）／じんぐうてるお（訳）／冨山房／1975年

　コミカルなかいじゅうたちの絵と独特のリズミカルな文章で，日本の子どもたちにもこよなく愛されたアメリカの絵本の代表作。1964年，コー

ルデコット賞を受賞し，世界中で約2000万部も売れている。3画面続くネーム
レスのページがみどころ。

> **ここが ポイント！**
> ①ネームレスのページが秀逸！　子どもたちにどう読み聞かせるか（想像させ
> 　るか）がポイント。
> ②優れたファンタジーの鉄則である現実と空想の狭間が明確であり，行ったり
> 　来たりできる想像力あふれる作品。
> ③原題の「Wild Things」を神宮輝夫が「かいじゅう」と訳したところ。

『すてきな三にんぐみ』

トミー・アンゲラー（作）／いまえよしとも（訳）／偕成
社／1969年

　黒い帽子・黒マントの泥棒三人組とみなし子ティ
ファニーとのユーモラスで心温まる物語。フランス
生まれのトミー・アンゲラーは，アメリカへ移住後，
漫画家・絵本作家として，また広告美術などで幅広
く活躍した。『すてきな三にんぐみ』は，幼い娘の
ために描いた作品といわれている。

> **ここが ポイント！**
> ①泥棒たちがなぜ「すてき」なのかが，読者によって様々に捉えられるところ
> 　が魅力的。
> ②メッセージ性の素晴らしさ，風刺の効いた絵本作品。
> ③泥棒三人組，みなし子ティファニーのどちらに自分を重ね合わせて読むかに
> 　よって印象が変化する。

『てぶくろ』

エウゲーニー・M・ラチョフ（絵）／うちだりさこ（訳）
／福音館書店／1965年

　てぶくろの中に，いろいろな動物が身を寄せ合っ
て暖を取っているシーンは，何度見てもほのぼのと
する。エウゲーニーのリアルな絵の表現，スケール
感は見事！　ラストシーン，てぶくろを拾いに来た
おじいさんが連れていた，子犬の声に驚いた動物た

ちは一斉に逃げ出してしまう。想像が広がるファンタジーの秀作。

> ①「いれて」「どうぞ」の繰り返しから，次ページへと誘導し，期待を膨らませていく手法。
> ②登場人物のネーミングも，子どもたちが思わず口にしたくなるような名前になっていて魅力的。
> ③ラストシーンの後，動物がどうなったのか，「つづきのおはなし」を考えてみよう。

『あおくんときいろちゃん』

レオ・レオーニ（作）／藤田圭雄（訳）／至光社／
1967年

『スイミー』『フレデリック』等の作者レオ・レオーニのロングセラー絵本。レオ・レオーニはアメリカのグラフィックデザイナー・アートディレクター。これまでにレオーニが手がけた絵本の累計発行部数は，なんと910万部。本作は，絵の具で描かれた青と黄色のシンプルなマルが感動的なお話として展開されていく。孫との対話の中で偶然生まれた絵本であるといわれている。

> ①手足も顔もないただの青と黄色のマルが物語の主人公。大きさや配置によって，心の動きを見事に捉えた想像力の賜物のような不思議な絵本。
> ②人と人の心の融和を暗示している。
> ③切り絵をしたり，絵の具でいろいろな色を重ね合わせたりして，色遊びに発展させたくなる絵本。

『三びきのやぎのがらがらどん』

ノルウェーの昔話／マーシャ・ブラウン（絵）／せたていじ
（訳）／福音館書店／1965年

あまりにも有名なノルウェーの昔話。そもそも「がらがらどん」というのはノルウェー語で「うなり声
(bruse)」を意味する。無理な擬人化をしていない，ぎりぎりの描き方が秀逸な作品。悪者のトロルは，い

たずら好きの妖精といわれている。古典作品のもつ力に圧倒される。

① 絵本のロングセラー作品の中には，タイトルに「3」のついた絵本がいくつか見つけられる（例：「3匹のこぶた」「3つのなぞ」など）。この絵本もその一つ。
② 痛快な勧善懲悪の作品。教訓を包含している。
③ 劇遊びの定番……トロルを演じたいという園児が続出!!

『はらぺこあおむし』

エリック・カール（作）／もりひさし（訳）／偕成社
／1976年

　70か国で翻訳され，累計5500万部を売り上げている世界的なベストセラー。著者のエリック・カールは，グラフィックデザイナーで，「色の魔術師」と呼ばれていた。本作は，ちっぽけなあおむしが美しい蝶に変身するお話。エリック・カールは「私の中に今も住んでいる子どもに語りかけて絵本を制作してきた」（『MOE』インタビュー，2017年8月号）と言う。本作は，穴あき仕掛け，コラージュ（貼り絵），音の出る絵本，観音開き・透明シートなど，様々な仕掛けを取り入れたバージョンも作られており，子どもたちに大人気。

① 鮮やかな色彩の中で主人公のあおむしが変化していく様子が抜群におもしろい。
② 繰り返しの法則で，（例：月曜日はりんごをひとつ，火曜日はなしをふたつ，など）期待感がラストに向かって高まっていく。
③ 穴あき仕掛けなど，様々な形状の『はらぺこあおむし』を集めたり，原書を取りよせ，みんなで曜日や食べ物の名前を唱和したりしても楽しい（例：Sunday……）。

『おおきなかぶ』

ロシアの昔話／A.トルストイ（作）／内田莉沙子（訳）／佐藤忠良（画）／福音館書店／1962年
　「うんとこしょ　どっこいしょ」のリズミカルな繰り返しのかけ声が効果的な，有名なロシアの昔話。大きなかぶをみんなが力を合わせて

抜くという単純な物語の中に，おおらかさ，力強さ，ユーモアがあふれている。お話し会や作劇に適した絵本として園で大人気の絵本。

> **ここがポイント！**
> ① A．トルストイの名著。
> ②「かけ声」の繰り返しの効果は絶大。リズミカルな言葉を味わいたい。
> ③かぶを引き抜くという一つの目的に向かって邁進する物語。ラストシーンの達成感は格別。

『しろいうさぎとくろいうさぎ』

ガース・ウィリアムズ（文・絵）／まつおかきょうこ（訳）／福音館書店／1965年

　白いウサギと黒いウサギの愛の物語。幸福感とやさしさに包まれている。原作者，ガース・ウィリアムズは，米国のイラストレーター，『大草原の小さな家』『シャーロットのおくりもの』のさし絵で有名。白と黒のコントラストが印象的だが，異人種間結婚を連想させると話題になった時代背景がある。が，あくまでも作者は，「子どもたちに読んでほしい柔らかい愛に関する物語」と言い切っている。

> **ここがポイント！**
> ①『100万回生きたねこ』などと同様，動物が擬人化された優れた絵本。
> ②作者は，4度結婚しており，5人の娘・1人の息子がいる。ギターの名手で，晩年はメキシコの小さな町で暮らしていた。作者のことを知ることも一考。
> ③本物の愛とは何かを深く考えさせる，大人にも読んでもらいたい一冊。

『いない いない ばあ』

松谷みよ子（文）／瀬川康男（絵）／童心社／1967年

　戦後の大ベストセラー本，累計735万部以上を発行している，最もポピュラーな赤ちゃん絵本。ねこやねずみ，クマなどが「いない　いない……」と顔を両手でかくし，次ページに「ばあ」と現れる繰り返しの絵本。

> **ここが
> ポイント！**
> ①スキンシップにもってこいの赤ちゃん絵本の王道。
> ②多くの赤ちゃんと母親を笑顔にしてきた松谷みよ子の数々の赤ちゃん絵本の中の一冊。
> ③繰り返しの絵本で，「いない　いない…」の後に隠れていた動物が必ず出てくる安心感が人気の秘密。

『ぐるんぱのようちえん』

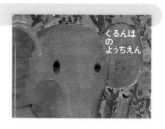

西内ミナミ（作）／堀内誠一（絵）／福音館書店
／1965年

　一人ぼっちのさびしがり屋・大きなゾウの
ぐるんぱが失敗を繰り返しながら，最後は幼
稚園を開くサクセスストーリー。「自分探し」の
旅に出たくなる，人生を考えさせる絵本。累計約250万部を売り上げる，ロング
セラー。

> **ここが
> ポイント！**
> ①「失敗は成功の母」「最期まで諦めない」「人生に無駄なことはひとつもない」など様々なメッセージを込めた渾身の一作。
> ②葛藤を乗り越えていくサクセスストーリー。
> ③絵を描いた堀内誠一は有名なグラフィックデザイナー。

『ぐりとぐら』

なかがわりえこ（文）／おおむらゆりこ（絵）／
福音館書店／1963年

　野ねずみのぐりとぐらが大きな卵から大き
なカステラを作るお話。累計約550万部発行。
「ぼくらのなまえは　ぐりとぐら……」のか
け声・繰り返しがわかりやすく，子どもたちに圧倒的人気を得た一冊。

> **ここが
> ポイント！**
> ①分け隔てなくカステラがみんなに行きわたる安心感。
> ②食育「食べる絵本」の代表作。
> ③『そらいろのたね』他，中川李枝子，大村百合子姉妹の代表作。

『ねないこだれだ』

せなけいこ（作・絵）／福音館書店／1969年

日本のおばけ絵本の代表格。子どもたちの「怖いもの見たさ」の感情を見事につかんでいる。大人のいる安心感の中で初めての一種の異次元の世界を味わってみよう。早く寝ない子はおばけの世界に連れて行かれるという、いわゆるバッドエンド，シュールな絵本。

ここがポイント！
①教訓絵本の是非はあるが，文句なしに子どもたちを味方につけた絵本。
②おばけをちぎり絵，切り絵で作り，独特な世界観をかもし出した。
③子どもたちを捉えて離さないナンセンス絵本の魅力。

『しょうぼうじどうしゃじぷた』

渡辺茂男（作）／山本忠敬（絵）／福音館書店／1966年

「はたらくくるま」が好きな子どもたちに大人気の絵本。ひ弱で体が小さくて，他の乗り物たちに引けを取っていた主人公じぷたが，物語の後半，みごと山火事を消し止め，大活躍。未だに根強い人気を誇る，堂々のミリオンセラー作品。

ここがポイント！
①小さくて弱いものが，大きくて強いものに立ち向かっていくストーリーに共感！
②ストーリーテリングのうまさが光る渡辺茂男と，乗り物絵本の第一人者である山本忠敬のコンビが繰り広げるロングセラー絵本。
③「じぷた」の命名の由来を紐解いてみてもおもしろい。

『からすのパンやさん』

かこさとし（作・絵）／偕成社／1973年

からすのまち・いずみがもりのからすのパンやさんの話。4羽の赤ちゃんの成長とともに家族愛を描いている。子どもたちが考案した84種類の奇想天外なパンが人気の秘密。

ここがポイント！
①見開きいっぱいに描かれた84種類のパンのページに圧倒される，網羅性のある図鑑型絵本。
②ロシアのモイセーエフ舞踊団の演目の一つ「パルチザン」の人物描写を学んだ著者による，からすたち1羽1羽の描き分けのシーンは圧巻。
③「オモチちゃん」「レモンちゃん」「リンゴちゃん」「チョコちゃん」4羽の赤ちゃんが成長して，各々が食べ物屋さんを開く続編が40年後に出版されたほど，支持され続けている一冊。

『ノンタン　ぶらんこのせて』

キヨノサチコ（作・絵）／偕成社／1976年

著者キヨノサチコ（1947〜2008）は，「子どもたちの中でノンタンが生き続けてくれたら嬉しい」と思いを述べておられた。「ノンタンあそぼうよ」シリーズ23巻，ノンタンボードブック3巻，赤ちゃん版ノンタン9巻を合わせて累計3400万部以上を売り上げる大ロングセラーシリーズ。

ここがポイント！
①いたずら大好き，元気いっぱいのわんぱくな白猫の男の子。一見わがままだが，友だち思い，はっきりしたキャラクターの魅力。
②幼児のエゴと自発性を巧みに捉えた人気絵本。
③ノンタンの存在は，ズバリ子どもたちのもつ様々な感情を体現している。そのリアルさが45年以上も変わらずに愛され続ける人気の秘密。

絵本で実践！アニマシオン

上 級

　いよいよ上級です。「絵本カタリスト」資格習得も目前！ 上級では，これまで初級・中級で学んできたことをより発展させた形で，詩や俳句を含めたいろいろなジャンルの本で「作戦（プログラム）」の実践を行っていきます。論理的に主題を理解したり，ディベートができたり，詩的な表現方法ができたりするようになります。

　「絵本教室」では，発達段階に応じた絵本選びや絵本のブックトーク，絵本制作を実際に学ぶことができ，上級を終える頃には，絵本に関する豊富な知識と技術にもとづいた，読者にふさわしい絵本選びや語りができるようになっています。そして，アニマシオン実践も確かなものとして，自信をもって行えるようになっていることでしょう！

問題を発見する，
自分の意見が言える

→ 作戦6：本と私

📖 プログラムの概要

　絵本の主題（テーマ）をしっかり捉えて読めるようになること。主人公と自分を重ね合わせて読めるようになるまで丁寧に読み込んでいきましょう。読み聞かせを通して，多くの感想が言えるようにします。主題に問題意識をもって臨み，他の人の意見を尊重しながら，自分の意見が言えるようになることがねらいです。正解・不正解は言わずに，なぜそう思ったのか，実際はどうだったのか，が徐々に明らかになると良いでしょう。

> 参加者：20人くらいまで
> 準備物：絵本

📖 選書のポイント

1. できる限り物語の起承転結のはっきりした，メッセージ性の強い本。
2. 主人公の性格がはっきりしている本。
3. 登場人物の，各々の役割分担がはっきりしているもの。

『やさしいライオン（新装版）』

やなせたかし（作・絵）／フレーベル館／2022年

あらすじ

みなしごライオン・ブルブルをやさしいイヌ・ムクムクが育てるというお話です。年月が経って，ライオン・ブルブルは，成長してサーカスに行き，2人（2ひき）は引き裂かれてしまうけれど，ブルブルは片時も育ての親であるイヌ・ムクムクのことを忘れてはいませんでした。子ライオンは，育ててくれたお母さんイヌの子守歌が遠くから聞こえたような気がして，おりを破って母のもとに一目散!! そこで待っていた結末は……あまりにも残酷でせつないものでした。親子の強い絆を描きます。

ここに注目！

『やさしいライオン』は，大ヒット作『あんぱんまん』の生みの親，やなせたかしの代表作。みなしごライオン・ブルブルと育ての親・イヌのムクムクの心温まる親子の絆を描き切っています。未就学児には，理屈では少々難しいですが，「愛」「勇気」「死」……など，明確なテーマ性が感じられ，読者の心を打ちます。

📗 アニマドールの事前準備

○ 何度も何度も読み込み，その絵本に潜む価値やメッセージをしっかり把握しておく。

○ 絵本のストーリー展開をみんなで確認しながら，かみしめるように把握していくので，きちんと自分であらすじが言えるまでにしておく。

○ 質問は事前に考えて書き出しておく。

📗 実践の手順

手順1　物語の内容が頭に入るように3，4回読み聞かせをする。

手順2　絵本を閉じて，物語に沿って，問題・課題を次々質問していく。

1．「イヌの名前は？」「ライオンの名前は？」

2．「どうしてライオンが犬に育てられたの？」

3．「ライオンはそれからどうなったの？」……例）サーカスに行ってしまった。

4．「そのあとは？」……例）ライオンは人気者に。

　（自分の言葉で表現）……例）でも幸せじゃなかった。

5．「なぜ幸せじゃなかったの？」

6．「なぜおりを破って逃げたの？」

7．「ライオンとイヌはそのあとどうなったの？」

8．「タイトルの意味は？」

手順3 　あらすじを正確に子どもに語ってもらう。だれか1人を指名するのでも，子どもたちに順番に聞いていくリレー方式でも可。抜けていた部分はアニマドールが補っていっても良い。

手順4 　一番感動したところはどこか？　納得いかなかったところは？自分ならどうしたか？　などを子どもたちに問いかける。

☞例）ライオンがお母さんイヌに会いに行こうとしたところに感動した，なぜ人間はライオンを撃ってしまったのか，など。

☞自分の意見を押しつけず，互いに尊重し合う雰囲気を作れるよう努力する。

手順5 　深いテーマが理解できるように解説する。

☞例）みなしごライオン・ブルブルと育ての親・イヌのムクムクの心温まる親子の絆や人間の側の論理，身勝手など。理解できる範囲で，シーンを挙げて説明できるとなお良いでしょう。……「撃ってはいけないのに　本当はやさしいライオンなのに」の意味を考えながら。

手順6 　最後にもう一度最初から読み聞かせ，「また今度，別の物語（絵本）で遊びましょう」と言って，アニマシオンを終える。

▮ アニマドールの配慮事項

∘ 子どもたちが，より絵本を理解し，自分の言葉で語ることができるように誘いかけていきましょう。一つひとつの質問に答えようという意欲をかきたてるように，「そのあとどうしたのかな？」「なぜ，そう言ったと思う？」などと言葉かけをしていきます。

○ 子どもたちの理解度（読書レベル）に差異が出るので，アニマドールは焦らず，うまく表現できない子どもたちのフォローをするために，何度もその場面の読み聞かせをしても良いでしょう。

⁝ 実践者の工夫・声

> これまで絵本を読み聞かせすると，「おもしろかった」としか言わなかった子たちが，実践していく中でより深く理解できて，「悲しい」「銃を撃った人たちがダメ」「またブルブルとムクムクが会えたから良かった……」「死んでもまた一緒にいられるんでしょ」など，様々な意見が出て感動しました。
>
> （異年齢児担任）

☞ 深いテーマ性をもつ絵本は，読み手によって幾通りもの読み方があるはずです。決して一つの解釈だけを押しつけず，子どもたちみんなの意見を尊重しましょう。

> イヌとライオンの名前がすぐに覚えられずに戸惑っている子がいた。「ムクムク太っているイヌ」「ブルブルふるえているライオン」を何度も繰り返し言うと，ようやく安心して，物語に没頭していきました。アニマドールは，親切に，また根気強く，物語の意味を伝えようとしなければいけないと思いました。
>
> （5歳児担任）

------------------- 実践におすすめの絵本 -------------------

○『チリンのすず（新装版）』
やなせたかし（作・絵）／フレーベル館／2023年

　オオカミに母親を殺された子ヒツジ，チリン。かたきをうつためにオオカミの弟子となり，チリンはどんどん強くなっていきます。
そして，ようやく運命の日が訪れます。ところが……。
　『やさしいライオン』と同じ，やなせたかしの名作。
あまりにも悲しくせつない結末に涙する人も多い作品
ですが，子どもたちにしっかり読み聞かせをし，自分
たちの感じたこと，考えたことを自分の言葉で表現さ
せる……当プログラムを実行していくのにふさわしい
一冊だと思います。

論理的に
主題を理解する

→ 作戦8：にせもの文

■ プログラムの概要

　絵本は，絵と文で成り立っていますが，このプログラムは，特に文（テキスト）をより深く理解するのに最適です。テーマを深く理解し，本物の文（テキスト）の意味を考えるようになるためのプログラムです。

　特に，「詩」の文章は，絶妙な言葉が羅列されているので，じっくり味わって理解したのち，アニマドールが作った「にせもの文」をまぎれ込ませ，どの部分に，違和感を覚えたかを指摘してもらい，にせもの文を入れた場所を当ててもらいます。

参加者：10人くらいまで
準備物：絵本，「正しい文」と「にせもの文」のカード（字が読める子どもたちの場合）

■ 選書のポイント

1．情景を思い浮かべやすい短いセンテンスのもの（例えば「詩」の絵本）。
2．論理的にストーリーが展開するもの。

『たいせつなこと』

マーガレット・ワイズ・ブラウン（作）／レナード・ワイスガード（絵）／
うちだややこ（訳）／フレーベル館／2001年

あらすじ

「たいせつなこと」とは何かを，やさしく詩的な文章で語りかけます。ひなぎくにとって，雪にとって，りんごにとって……大切なことは何か，そして，ラストに最も言いたかった重要なメッセージ，あなたにとって大切なことは何かを丁寧に描いています。

ここに注目！

1949年にアメリカで出版されて以来，読みつがれてきた絵本。私にとっては，常に手元に置いておきたい大切な一冊です。そこには，ものや人の温もりが感じられ，ありのままの存在を丸ごと受け入れることの大切さが説かれています。メッセージ絵本の秀作といえるでしょう。

🏴 アニマドールの事前準備

○ 絵本の文（テキスト）を1行ずつカードに書き出す。別のカードには，同様に書き出しながら，一部の言葉を絶妙にニュアンスを変えて書いておく。

　☞ 文字が読める子どもたちに行う場合は，両方のカードを配り，詩の途中で，その場面が出てきたら子どもたちに正しいと思える文のカードを挙げてもらうようにしても良いです。

🏴 実践の手順

手順1　まずは，2〜3回読み聞かせをして，ストーリーを理解してもらう。

手順2　次に，段落ごとに3〜4回，ゆっくり読み，情景，主題，論旨を理解してもらう。

手順3 まだ文字が読めない子どもたちの場合は，それぞれのページの「たいせつなこと」を理解したうえで，「にせもの文」を紛れ込ませた段落を読み，明らかにおかしいと思われる「にせもの文」を見破ってもらう。慣れてきたら，１画面に２つの「にせもの文」を紛れ込ませる。

☞ 例）

スプーンはたべるときにつかうもの…4行目 小さなシャベル→ 大きなカップ

ひなぎくはしろい…3行目 はちが ちょこんとすわり→ ちょうちょが とまり

あめはうるおす…2行目 しとしと ざばざば→ ぴちゃぴちゃ ざーざー

　　　　　　　　6行目 くうきと おんなじいろ→ かぜと おんなじいろ

ゆきはしろい…4行目 ちいさなほしやすいしょうのように→ つきやほしのように

りんごはまるい…1行目 りんごはあかい→ りんごはあまい

　　　　　　　5行目 あまずっぱいつゆが→ つめたいしるが

かぜはふく…3行目 ほおでかんじる→ はだでかんじる

　　　　　6行目 ぼうしをふきとばして→ くもをけちらして

そらはいつもそこにある…1行目 まぎれもなくあおくて→ まぎれもなくしろくて

くつはあしをつつむもの…4行目 ほんのりぬくもりが→ すこしだけかおりが

あなたはあなた…1行目 あかちゃんだったあなた→ おとなになったあなた

　　　　　　ラスト あなたがあなたであること→ わたしがわたしであること

手順4 最後にもう一度最初から読み聞かせ，「また今度，別の物語（絵本）で遊びましょう」と言って，アニマシオンを終える。

🔖 アニマドールの配慮事項

∘ どうして見破ることができたのか，その理由を子どもに聞いたり，間違っている場合は，「こちらのほうが正しかったね。なぜ作者はそう思ったのかな？」などのフォローができたりすると良いでしょう。

∘ 見開きの文章をじっくり読み聞かせて，それぞれのページの大切な事柄をしっかり把握してもらいます。アニマドールにとっては，ニセの文章（段落）を上手に作れるかどうかがカギになります。

∘「詩」の意味を深く理解することは，5歳児では難しいと思われるので，明らかに絵の表現と異なった違和感のある「にせもの文」以外は，「こんなふうにも言えるね」などと論理的に理解していくのも良いでしょう。やがて，「しっくりくる」感覚を味わいながら，本物の詩を理解していくものです。

📑 発展（チャレンジ）

○ 文字が十分に読めない子どもたち向けには，ゆっくり段落ごとに読み聞かせをして，「にせもの文」の違和感に気づいてもらいますが，文字が読めるようになったら，一画面の中に複数（2〜4か所）の「にせもの文」を紛れ込ませて，怪しい箇所にアンダーラインを引いてもらっても良いでしょう。絵本の文（テキスト）は，絵と一体で成り立っているので，実際の作者の書いたものかどうかを見破ることは，その絵本の主題をよく理解することにつながっていきます。チャレンジしてみましょう。

🎤 実践者の工夫・声

> この作戦は，私たちアニマドールの資質を問われる少々難しいものだなあと感じました。明らかに，絵本の絵と違う文章にした箇所は，さすがに見抜いてくれましたが，ちょっとした言い回しの違いには子どもたちは気づかず，にせもの文を作るのにも工夫が必要だな……と感じました。
>
> （保育園園長）

> 「ひなぎくはしろい」のところで，ひなぎくのお花の上にはちがとまっているところを何度も見入っていた子どもが，「ちょうちょじゃない，はちだよ！」と主張していたのが印象的でした。読み聞かせをするときも，意識して指さしをしていたので，よく覚えていたのだと思います。
>
> （5歳児担任）

-------------------- **実践におすすめの絵本** --------------------

○『空の絵本』

長田　弘（作）／荒井良二（絵）／講談社／2011年

　長田弘の優れた詩と，荒井良二の絵の迫力にのみこまれてしまう独特な一冊。一日を通して徐々に移り変わる空の表情を，美しく鮮やかに描いた作品です。

発達段階別・絵本の選び方

　ここでは，年齢に合わせた絵本を選ぶ際の目安を示していきます。絵本選びの際，知っておくと大変便利な年齢別の特徴と相応する典型的なロングセラー絵本をピックアップしてみました。

　アニマドール上級者として，絵本を活用した保育・子育てを行う際に役立つ年齢・発達段階別の特徴，絵本の選定の目安を学んでみることはとても有意義だと思います。

０〜２か月の発達と絵本の選び方 🖊

　生まれたばかりの頃は，視力が発達していないので，絵を見てもらうより声を使った，いわゆる「うたえほん」のような絵本が好ましいでしょう。

　また，アメリカの心理学者ファンツが開発した「選好注視法」により，新生児でもある程度の視知覚能力をもっていることや，顔と顔でないものを見分ける（顔検出）能力があることがわかってきました。そういったことから，人間や動物の正面を向いた顔が大きく描かれたものを選ぶと良いでしょう。

例）『**うたえほん**』つちだよしはる（絵）／グランまま社／1988年

　　『**おつきさまこんばんは**』林　明子（作）／福音館書店／1986年

　　『**にこにこ**』Sassy/DADWAY（監修）／LaZOO（文・絵・イラスト）／KADOKAWA／
　　2016年

3 〜 6 か月の発達と絵本の選び方 ✏

　首がすわり，寝返り，腹ばいもできるようになり，声を立てて笑うようになっ
てきます。形や輪郭など，立体感を捉えられるようになってきたら，絵を見なが
ら語りかけてみましょう。対象の特徴を捉えたはっきりした絵本，擬態語・擬声
語などを多用した絵本，リズミカルな言葉の絵本，暖色系で温かみのある絵本を
選ぶと良いでしょう。「読み聞かせ」は共感体験です。乳児絵本の読み聞かせを
スタートしましょう。

例)『**もこ もこもこ**』谷川俊太郎 (作) ／ 元永定正 (絵) ／ 文研出版 ／ 1977年
　　『**きゅっ きゅっ きゅっ**』林 明子 (作) ／ 福音館書店 ／ 1986年
　　『**じゃあじゃあびりびり**』まついのりこ (作・絵) ／ 偕成社 ／ 1983年

7 〜 8 か月の発達と絵本の選び方 ✏

　座る，はう，つかまり立ち，つたい歩きが可能になり，人まねが始まります。
身近な食べ物や乗り物などの認識絵本，写実的な絵の絵本，シンプルな絵柄の絵
本を選ぶと良いでしょう。この頃から，好きなときにいつでも絵本に触れられる
ような環境をつくっておくことが大切です。

例)『**のせてのせて**』松谷みよ子 (文) ／ 東光寺啓 (絵) ／ 童心社 ／ 1969年
　　『**どうぶつのおやこ**』薮内正幸 (画) ／ 福音館書店 ／ 1966年
　　『**ぴょーん**』まつおかたつひで (作・絵) ／ ポプラ社 ／ 2000年

9か月～1歳の発達と絵本の選び方 🖊

つかまり立ち，つたい歩きができるようになり，一人遊びを始めます。この頃の赤ちゃんは好奇心旺盛。身近な生活絵本に興味をもち始めますので，日常生活を描いた絵本が好ましいでしょう。また，喃語（赤ちゃん語）を話すようになり，「見て見て」「取って！」と言うかのように「指さし」も始まり，自分の気持ちをより具体的に伝えようとするようになっていきます。こまめに言葉かけをしながら，読み聞かせを始めてみましょう。興味をもつ本を一緒に読み，喜ぶことが大切です。

例）『**おててがでたよ**』林 明子（作）／福音館書店／1986年
　　『**くつくつあるけ**』林 明子（作）／福音館書店／1986年
　　『**しーっ**』たしろちさと（作・絵）／フレーベル館／2012年

1～2歳の発達と絵本の選び方 🖊

押す，つまむ，めくるなど手先の操作が巧みになってきて，形・色を識別できるようになります。また，身近な食べ物や生き物などが写実的に描かれているものや，本物の写真に興味を示すようになります。基本的生活習慣を身につける絵本も良いでしょう。

また，1歳を過ぎると，「わんわん　きた」「パパ　バイバイ」など，2語文を話せるようになるので，絵本の画面を見て，「わんわんはどっち？」などと選んでもらったりするのも良いでしょう。

さらに，1歳半を過ぎると，まねっこ遊びをするようになります。それらは，見立て遊び，ごっこ遊びにつながっていきます。自分の気持ちや考えを言葉にすることも少しずつできるようになってくるものです。自我も芽生え，指さしややり取りもできるようになってくるので，絵本の絵を見て盛んに話しかけてみまし

よう。

　2歳直前になると，名前を呼ばれて返事をしたり，自分を名前で呼んだりできるようになってきますが，自己主張も激しくなり，禁止や規制を嫌がったときにはうまく言葉で表現できない代わりに，泣いて表現したりします。

　オノマトペを多用した言葉のひびきやリズムを楽しむ絵本から，誘いかけるような呼びかけや繰り返しの言葉，ひびきの良い言葉を意識した絵本を選ぶと良いでしょう。そうして，絵本で言葉を知り，覚えていくにつれ，自分の言葉で話せるようになり，やがて，物語絵本を楽しめるようになっていきます。

例）『**ちいさなうさこちゃん**』ディック・ブルーナ（文・絵）／いしいももこ（訳）／福音館書店／1964年

　　『**ねないこだれだ**』せなけいこ（作・絵）／福音館書店／1969年

　　『**くだもの**』平山和子（作）／福音館書店／1979年

　　『**あなたはだあれ**』松谷みよ子（文）／瀬川康男（絵）／童心社／1968年

2〜3歳の発達と絵本の選び方

　行動範囲が広がり，歩く，走る，跳ぶ……などの基本的な運動機能や指先の機能が発達してきます。食事・衣類の着脱もでき，いよいよトイレットトレーニングも始まります。

　シンプルな物語絵本を認識できるようになり，物語の登場人物の関係性を理解

できたり，物語の筋を追えるようになったりしてきます。また，生活絵本（挨拶や生活と結びつく絵本）・乗り物絵本など，あらゆるジャンルに興味をもつようになるので，物語絵本や認識絵本（物の絵本），生活絵本にたっぷり親しめるようにすると良いでしょう。また，「これなあに？」「なぜ？」など質問ができるようになるので，自然界を描いた科学絵本にも興味を示すようになります。

例）『**いたずらこねこ**』バーナディン・クック（文）／レミイ・シャーリップ（絵）／まさきるりこ（訳）／福音館書店／1964年
　　『**コッコさんのおみせ**』片山 健（作・絵）／福音館書店／1988年
　　『**ぼくのくれよん**』長 新太（作・絵）／講談社／1993年
　　『**やさいのおなか**』きうちかつ（作・絵）／福音館書店／1997年

3 ～ 4 歳の発達と絵本の選び方

　運動と言葉の発達がめざましく，約1000語が話せるようになってきます。食事，排泄，衣類の着脱は，ほぼ自立し，あらゆる事物に関心を寄せます。基本的生活体験の自立を促す絵本を与えて，たっぷりと疑似体験をすると良いでしょう。

　また，集団生活の中で葛藤体験をし，折り合いをつけることも徐々に学んでいきます。絵本の物語に感情移入し，自分の経験に照らし合わせて読むことができるようになります。基本的な文法のルール，助詞や動詞の活用，過去や未来の表現を徐々に伝えていけると良いですね。

例）『**はけたよはけたよ**』かんざわとしこ（文）／にしまきかやこ（絵）／偕成社／1970年
　　『**ともだちや**』内田麟太郎（作）／降矢なな（絵）／偕成社／1998年
　　『**あんぱんまん（新装版）**』やなせたかし（作・絵）／フレーベル館／2022年
　　『**ラチとらいおん**』マレーク・ベロニカ（文・絵）／とくながやすもと（訳）／福音館書店
　　　／1965年

4～6歳の発達と絵本の選び方 ✎

　4歳頃から約2000語の語彙を習得し，四肢の動きも活発になってきます。心理面でも，相手の立場に立って物事を考えることができるようになり，思いやりの気持ちも生まれますが，友だちとの間でいざこざも増え，感情をコントロールする我慢も覚えていきます。また，1冊の絵本の世界を他者と分かち合い，経験と照らし合わせて語れるようになり，現実と空想の区別がついて，空想の世界で遊べる冒険絵本も好きになってきます。ファンタジーの世界に没頭して楽しめる物語絵本を選ぶと良いでしょう。

　また，日常生活の中では，命の大切さを，動物の世話をするなどの体験をしながら学んでいくこともあると思います。そうした絵本もセレクトできると良いでしょう。さらに，家族や友だちとのかかわりを深く掘り下げた絵本なども有効です。

　5歳からは昔話や民話など豊かな文化に触れる本も積極的に選ぶようにしまし

ょう。

例）『**うまれてきてくれてありがとう**』にしもとよう（文）／黒井 健（絵）／童心社／2011
　　年
　　『**かいじゅうたちのいるところ**』モーリス・センダック（作）／じんぐうてるお（訳）／冨
　　山房／1975年
　　『**わたし**』谷川俊太郎（文）／長 新太（絵）／福音館書店／1976年
　　『**かにむかし**』木下順二（文）／清水 崑（絵）／岩波書店／1959年

6歳～の発達と絵本の選び方 ✏

　全身運動も滑らかになり，自由に走り回れるようになってきます。自分の欲求
やイメージもどんどん膨らみ，予想や見通しも立てられるようになってきます。
協同的な遊びもできるようになってくる一方，嫉妬や劣等感をもつことも……。
そんな時期にぜひ，喜怒哀楽の哀，「哀しみ」や「悲しみ」などの感情を乗り越
えられる絵本を積極的に与えると良いでしょう。絵本から得た知識や感動を内面
で受けとめられるようになっていきます。

　さらに，月齢が進むと，いよいよひらがなが読めるようになってきます。ただ，
この時期が最も大切で，文字が読めることと絵本が読めることは違うので，大人
はしっかり寄り添いましょう。

　また，自然科学系の絵本や子どもたちの発見や感動を促す絵本，感動体験から

興味・関心を広げることも重要です。言葉や文化，生活習慣の違い，広い世界の人々のことが描かれた絵本（男女・宗教・障害の有無など）を選び，多様性を伝えていくことも大切だと考えています。

例）『**やさしいライオン（新装版）**』やなせたかし（作・絵）／フレーベル館／2022年

　　『**100万回生きたねこ**』佐野洋子（作・絵）／講談社／1977年

　　『**スーホの白い馬**』大塚勇三（再話）／赤羽末吉（画）／福音館書店／1967年

　　『**あめがふるときちょうちょうはどこへ**』M・ゲアリック（文）／L・ワイスガード（絵）

　　　／岡部うた子（訳）／金の星社／1974年

論理的に構成する

➜ 作戦12：前かな，後ろかな？

📖 プログラム概要

物語の展開の順番を把握し，論理的に答えられるようにするのがねらいです。作品の内容を深く理解し，その過程で読み聞かせをよく聞き，子どもたちは集中力を高めていきます。物語の主題（論点）を把握し，自分に与えられたカードが物語の展開のどのあたりのものかを熟考できるよう導いていきます。

参加者：20人くらい
準備物：絵本，1画面ずつを模写したカード（人数分）

📖 選書のポイント

1. 起承転結がはっきりしている絵本。
2. 絵本によっては，見開きに何シーンも出てくる絵本があるが，できれば見開き1シーンのもの。
3. 見開きの各画面が独立していて，シーンごとの設定，物語の内容がわかりやすく描かれているもの。
4. 日常的によく子どもたちに読み聞かせをしているもの。

『モチモチの木』

斎藤隆介（作）／滝平二郎（絵）／岩崎書店／1971年

あらすじ

豆太は，夜中にひとりでおしっこにもいけない弱虫。じさまと2人で暮らしています。ある日，じさまの具合が悪くなり，豆太は，勇気を振り絞って，じさまのために医者を呼びに行きます。泣きながら懸命に坂道を駆け降りる豆太。「モチモチの木（トチの木）」に灯がともって，いよいよクライマックスですが……，ラストはまた弱虫豆太に逆戻り。

ここに注目！

切り絵作家の描く美しいシーンが印象的です。特に，「モチモチの木」に月が出て，星が光り，雪が反射して見える描写はまさに「モチモチの木にひがついている！」という表現にぴったりです。物語の展開を知るうえで，印象的なシーンとなっています。

🔖 アニマドールの事前準備

○ 選んだ絵本を熟読しておく。

○ 1画面ずつ絵本のテキスト，または絵を簡単に模写したカードを全画面分準備する。

　☞ 基本的には1人1画面もってもらうが，14画面の絵本に対して参加者が20人いる場合は，同一の画面をピックアップして複数枚コピーして使用する。

🔖 実践の手順

手順1　14画面からなる絵本の絵をじっくり見せながら数回読み聞かせをする。

手順2　模写した画面のテキスト，または絵を人数分用意し，順序を入れ

替えて子どもたち一人ひとりにランダムに手渡す。子どもたちは自分に与えられたカード（テキスト・絵）をじっくり観る。

[手順3] ランダムに子どもたちを並べて，一番端の子どもから順番に自分の手元にある絵の内容をざっと説明してもらい，次の子どものカードのシーンが先に読んだ子のシーンよりも，「前かな？　後ろかな？」と言いながら，絵本の中で先に出てきたかどうかを判断しながら並び順を変えていく。

☞ 物語の正しい構成通りに各々が並びかわって徐々に物語を進行させていきます。

[手順4] 全員が納得する順に並んでいき，最後に先頭から順番に絵を説明し（テキストを読み進め），みんなが納得したらおしまい。

[手順5] 物語の正しいシーンの順番に並べたら，絵本を最初から読み，アニマドールは，構成が合っているかどうかを確かめる。

[手順6] 最後にもう一度最初から読み聞かせ，「また今度，別の物語（絵本）で遊びましょう」と言って，アニマシオンを終える。

■ アニマドールの配慮事項

○ 子どもたちがこのプログラムを実行する頃には，すっかり絵本の内容（展開）が頭に入っていることが大切なので，日常的によく読み聞かせをする絵本を選びましょう。

○ 最終確認をする際，子どもたちの意見が分かれることも多々ありますが，冷静な論理性を育む鍛錬になるため，とことん理由を話してもらうと良いでしょう。

○ アニマシオンの実践の中でも，いささかゲーム性が強いので，最後の答え合わせの前に，子どもたち同士で言い争いになったり，混乱したりしないよう，ヒントを出して導いていくことが大切です。かたくなな意見が出てきた場合には，なぜそう思うのか，論理的に話すよう助け船を出すタイミングもはかってください。

○ 各々のページの絵柄が次ページにつながっているなどの法則性を見つけ

たら，物語の展開を理解するうえでもかなり有効です。

☞ クライマックス（盛り上がり）のシーンが特に印象的なものは，そのシーンがなぜ生まれたのかということや，作品のどのあたりに出てきたかということなどを考えていくと良いでしょう。
　例）モチモチの木に灯がともるシーンなど。

🚩 発展（チャレンジ）

◦ やがて，字が読めるようになれば，今度はテキストだけ（段落の一部だけ）を抜粋して「前かな？　後ろかな？」を実行すると，より集中力が高まり，楽しめます。

〴実践者の工夫・声

> 実践する前に，大まかなあらすじを子どもたちに何度も話しておくと良いと思います。するとそれを反芻するように，「君はぼくよりずっと後ろ」「君のほうが前だよ」と子どもたち同士でアドバイスし合っていました。
>
> （異年齢児担任）

---------------------- 実践におすすめの絵本 ----------------------

◦ 『こねずみチッチのひとりでおつかい』
　末崎茂樹（作・絵）／フレーベル館／2007年

　こねずみのチッチはドキドキしながらひとりでおつかいに。チッチが歩いた道のりがすべてつながるダイナミックな絵巻絵本です。

　全長3メートルもある絵巻絵本ですが，どの見開き画面にも蝶々がいたり，森の中のドキドキするシーンがあったりと，じっくり観察をしながら「前かな？　後ろかな？」と話し合っていくのにとても適した絵本です。

批判力を引き出す

作戦34：彼を弁護します

プログラムの概要

じっくりと考えて，自分の考えを口頭で表現する力を引き出すプログラムです。物事には見方によっていろいろな解釈があることに気づいていくことをねらいます。良い悪いの判断だけでなく，なぜそう思ったか，自分が相手ならどうしたか……など，深く考えさせることができ，子どもたちのディベート力が高まっていきます。

参加者：10〜20人

準備物：絵本，グループ分けのためのカード

選書のポイント

1. 物語の中で，互いに対立した立場にある主人公級の人物と，その周りにいる人物がはっきり認識できる絵本。
2. 一人ひとりの登場人物が様々な状況で行った言動について取り上げて明らかにし，その言動の意味を考えることができる絵本。都度どんな感情になるかを確認しながら読んでいける絵本が良い。

『泣いた赤おに』

浜田廣介（作）／梶山俊夫（絵）／偕成社／1992年

── あらすじ ──

　人間と仲良くなりたいという赤おにの願いをかなえるために，青おには，ある作戦を考えます。その作戦がうまくいって人間と仲良くなれた赤おにですが，青おにはどこへ行ってしまったのか……。青おには人間たちが疑わないように，ずっと赤おにが人間たちと仲良くできるようにと願い，「ドコマデモ　キミノ　トモダチ　アオオニ」と張り紙をして，長い旅路に出て行きました。赤おにはそれを読んで泣きました。

ここに注目！

　だれもが知る有名な作品ですが，赤おに，青おにのどちらかに感情移入して読むと，また違った絵本の解釈の仕方ができるものです。

　日本人の苦手な「ディベート」を行うにはもってこいの作品と言えるでしょう。

📑 アニマドールの事前準備

- 実践する前に，本書をよく読んで，物語を理解しておく。
- グループ分けのために，赤おに・青おにそれぞれの絵を描いたカードを人数分作る。カードには①②③……と人数分の数字を振っておく。

📑 実践の手順

手順1　物語を何度も読み聞かせて，それぞれのおにの心情を想像してもらう。

手順2　カードを配って赤おに・青おに（描かれているほう）に分かれて，各々会話文を読む。自分がその登場人物を好きでも嫌いでも，絵本の中

でその人物が取った行動の理由を説明する。

[手順3] 次に，感覚的に自分なら「赤おに」のようにふるまう，もしくは，「青おに」派だと思う……などと想像して，2グループに分かれ，それぞれのおにのカードを持つ。

☞ 例）赤おに①のカードを持っている人から順に並んでもらう。
同様に，青おに①のカードから順に並んでもらう。
☞ アニマドールがランダムに一人ひとりに渡していっても良いです。
☞ 本来は，この他の登場人物のカードもあっても良いのですが（発展），今回は単純化して，2グループに分かれ，対峙した「赤おに」「青おに」だけで実行しましょう。

[手順4] まずは，アニマドールからそれぞれのおにに対して様々な問いを発し，①のカードを持っている子から1人ずつ順番に全員に答えてもらう。

☞ ディベートを始める前に，それぞれのおにの立場になって，行動の意味を考えてもらうきっかけにしましょう。同じ子ばかりが答えることにならないよう，全員に答えてもらうようにすることが大切です。
☞ 問いの発し方：
まず，赤おに①へ質問する。「どうして人間の仲間になりたかったの？」→赤おに①が答える。→アニマドールはその答えを受けとめる。→次に青おに①へ質問する。「どうして悪者になろうとしたの？」→青おに①が答える。→アニマドールはその答えを受けとめる。→次に赤おに②へ質問する（……以下，全員に行う）。
その他の問いの例：
赤おにへ：「どうして青おにをなぐったの？」「どうして泣いたの？」など。
青おにへ：「どうして赤おにに殴られたの？」「どうして旅に出たの？」など。

[手順5] いよいよディベートにチャレンジ！ テーマを設け，赤おにと青おにに分かれて，そのテーマに対してそれぞれの心情を思い返しながら意見を言い合う。

☞ 例）「やさしいおには赤おに？ 青おに？ どちらだと思う？」

[手順6] 最後にもう一度最初から読み聞かせ，「また今度，別の物語（絵本）で遊びましょう」と言って，アニマシオンを終える。

📑 アニマドールの配慮事項

○ アニマドールは，自分の解釈を押しつけずに，子どもたちが自由に自分の思ったことを発言できるよう導いていきましょう。

> ☞ 例）「私は，赤おにと青おに両方のおにがいいおにだと思ったけれど，みんなはどう思う？」「最初は，赤おにが好きだったけれど，自分が劇をするなら，青おに役だなと思った」など。

○ ディベートは難しいですが，とことん登場人物になりきって考えれば，双方に理解し合える有効な手段です。一方的な見方ではなく，このプログラムのタイトルのように，たとえ嫌いな登場人物でも「彼を弁護します」という態度で臨むこと。また，グループ分けのとき，子どもたちにわざと「好きでないほう」を選んでもらうのも一つの手段です。

> ☞ ディベートは，異なる立場に分かれて，特定の議題について議論する手法ですが，アニマドールの機転により，完全に対立する意見でなくても自分の主張が妥当であることを第三者に論理的に説明し，説得できることを目指していければ良いと思います。

- - - - - - - - - - - - - - - - - - **実践におすすめの絵本** - - - - - - - - - - - - - - - - - -

○『しろいうさぎとくろいうさぎ』

ガース・ウィリアムズ（文・絵）／まつおかきょうこ（訳）／福音館書店／1965年

　広い森の中に住む，しろいうさぎとくろいうさぎのやさしくやわらかな愛の物語絵本です。

　あるとき，くろいうさぎが座り込み，とても悲しそうな顔をしています。どうしたのと尋ねるしろいうさぎに，「ぼく，ねがいごとをしているんだよ。いつも　いつも，いつまでも，きみといっしょにいられますようにって」。やがて，2匹は，森の動物たちに祝福されて，結婚式をすることに……。

　しろいうさぎとくろいうさぎの会話を感情を込めて読んでみましょう。

想像力を発達させる
（創造力を発揮する）

→ 作戦41：なぞなぞを言って，説明するよ

■ プログラムの概要

　様々な角度からのなぞなぞを投げかけることで，十分に想像力を発達させていくことがねらいです。想像力を駆使して短い「詩」の世界を楽しんでもらいましょう。子どもたちに何度も詩を聞かせて，情景を思い浮かべてもらいます。作者はどんな気持ちでその詩を書いたのか，想像しながら音読をします。文字の読めない子どもたちには，何度も読み聞かせ，一緒に朗誦（リピート）してもらい，状況が説明できると良いでしょう。

> 参加者：10～20人
> 準備物：詩の絵本，なぞなぞのカード，答えのカード

■ 選書のポイント

1. 情景がはっきり浮かぶ（シチュエーションが身近な）比較的短い詩。
2. 慣れないうちは，子どもたちの知っているものが登場する詩。
3. 「詩」の形式に慣れてきたら，徐々に難易度を上げていき，抒情詩や叙事詩など，子どもたちの想像力が発揮できそうな詩。

『わたしと小鳥とすずと』

金子みすゞ（詩）／矢崎節夫（選）／高畠 純（装丁挿絵）／JULA 出版局発行／
フレーベル館発売／2020年

あらすじ

「わたしと小鳥とすずと」「大漁」「つもった雪」「みんなをすきに」……など，親しみやすい金子みすゞ珠玉の60編をセレクト。『金子みすゞ全集』から選び，旧仮名遣い・旧漢字を改め，美しい装丁の小型本に集約。

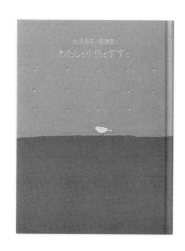

ここに注目！

　金子みすゞの詩は，どの詩もとてもリズミカルです。しかもだれにでもわかる平易な言葉で書かれている「童謡詩」です。小さいものや弱いもの，無名，無用なものにやさしいまなざしを注いで詩を書き続けた大正時代の童謡詩人・金子みすゞの世界観に，アニマシオンを駆使して浸ってみましょう。

🔖 アニマドールの事前準備

- 詩を2〜3編選んでおく。
- なぞなぞを考える。
- カードに穴あき問題のなぞなぞを書き，人数分準備する（カードをコピーしておく）。
   - ☞ 文字の読める子には，問題（なぞなぞ）を書いたカードをアニマドールが配布しても良い。

🔖 実践の手順

手順1　詩を2〜3編選び，何度も読み聞かせて情景を思い起こさせる。

手順2　あらかじめ準備したなぞなぞカードを，みんなに見えるように掲

げ，（　　　）にどんな言葉が入るか，子どもたちに発言してもらう。そして「なぜそんな気持ちになるの？」と質問する。

☞ 例）「つもった雪」より（想像力を発揮して他を想う気持ちを体感する）
　次の３つの文はどこに入りますか。
　「さみしかろな。」「さむかろな。」「重かろな。」

　　　上の雪
　　　（　　　　　　）
　　　つめたい月がさしていて。

【答え：さむかろな。】

　　　下の雪
　　　（　　　　　　）
　　　何百人ものせていて。

【答え：重かろな。】

　　　中の雪
　　　（　　　　　　）
　　　空も地面もみえないで。

【答え：さみしかろな。】

手順3　詩の意味を深く理解するために，各々の立場（わたし・小鳥・すず）になって自分の心情に置き換えて朗誦するように導いていく。

　☞ 例）「わたしと小鳥とすずと」より

　　　わたしが両手をひろげても，
　　　お空はちっともとべないが，
　　　とべる小鳥はわたしのように，
　　　地面をはやくは走れない。

　　　わたしがからだをゆすっても，
　　　きれいな音はでないけど，
　　　あの鳴るすずはわたしのように
　　　たくさんなうたは知らないよ。

　　　すずと，小鳥と，それからわたし，
　　　みんなちがって，みんないい。

　　アニマドールは，どんなものでもそれぞれ特長があり，違いがあるけれど，それがまたそれぞれに良いのだという作者の心情に寄り添って詠んでみよう。

手順4　一人ひとりの違いを認める「と」の意味に気づかせる。自分なら何を続ける？「すずと，小鳥と……」。

手順5　ラスト1行「みんなちがって，みんないい」の意味を考えて話し合う。

☞ 例えば，そこに絵がなくても，想像して自分なら何に対してやさしい気持ちになれるのか，「すずと……」の後に差し挟んでみるなどしてみましょう。
「わたし」「小鳥」「すず」異なるもの同士の個性や成り立ちを思いやり，認め合うことの大切さを感じられると良いですね。

手順6　最後にもう一度詩を読み聞かせ，「また今度，別の物語（絵本）で遊びましょう」と言って，アニマシオンを終える。

🔖 アニマドールの配慮事項

○ 短い詩の言葉にいかにいろいろな意味が含まれているかを考えるために，空欄を埋めるなぞなぞに楽しくかかわってもらいましょう。

☞ 例）利他の心（他を思う気持ち）を発揮させて，人の痛みや悲しみがわかるきっかけが作れると良いですね。「さむかろな」「重かろな」……など。

○ もし，誤答が出ても，状況がわかるまでみんなで話し合い，全員が納得できるまでやってみましょう。説明ができてくれば，確実にその詩への理解も深まっているということです。

☞ 例）「中の雪　重たかろな」と答えた場合，「下の雪はもっと重いかもしれないね」などと，金子みすゞの詠んだ心情に寄り添う言葉かけができると良いでしょう。

🔖 発展（チャレンジ）

○『わたしと小鳥とすずと』に収録されている60編の詩の中から，情景のわかる詩をいくつかピックアップして，じっくり読み聞かせ，頭に浮かんだ絵を描いてもらいましょう。

☞ 例）「お魚」「大漁」「みんなを好きに」「はちと神さま」「星とたんぽぽ」など。

金子みすゞさんの詩が昔から大好きだったので，子どもたちと一緒に声
に出して読んでみました。深い意味はわからないと思うけれど，「つも
った雪」は，「なるほど」「へーっ」と言いながら楽しくなぞなぞに答え
ていました。
（異年齢児担任）

みすゞさんの詩の中から，「みんなを好きに」を選んで，クラスのみん
なで絵を描いてみました。出てくる「ねぎ」や「トマト」ではなく，
「ピーマン」や「しいたけ」を描く男の子がいて，「何でも好きにならな
きゃいけないんだよ」……と苦手なものを描いていたのに感心しました。
すかさず何人かの子どもたちから「かあさんがつくってくれたから」だ
よね，とフォローが入って，盛り上がりましたよ。
（5歳児担任）

-------------------- **実践におすすめの絵本** --------------------

∘『くどうなおこ詩集○』

くどうなおこ（詩）／童話屋／1996年

「ふきのとう」は，「雪」や「竹やぶ」がまる
でふきのとうを人間の子どものように愛おしん
で，声をかけています。おひさまがはるかぜを
起こして，竹やぶが揺れて雪がとけて，ラスト
「もうすっかり（　　）です」（ここには何が入
るでしょうか？）につながっていきます。途中
にふきのとうはどんな声をかけられたのか，な
ぞなぞにしてアニマシオンをしてみると楽しい
でしょう。

「ブックトーク」をやってみよう！

　絵本について，これまでいろいろ学んできて，その作品の意味やバックグラウンド，著者について知識の集積がなされてきたことと思います。

　さて，今回の学びのテーマは「ブックトーク」です。「ブックトーク」とは，あるテーマに沿って，様々な本を選んで，あらすじや本の一部を紹介したりしながら，その本の魅力を複数の聞き手に伝えていくものです。「ブックトーク」の仕方と効果を学んでまいりましょう。

実際のブックトークの仕方

①表紙をはっきり見せ，タイトルをしっかり印象づける

②あらすじではなく，作品の一部を紹介したりしながら背景を語り，魅力を伝え，聞き手に想像させる。自分が最も感銘を受けた場面をスポット的に語るやり方もある

③繰り返し練習し，自分で考えたシナリオをもとに自分の言葉で語る

ブックトークの効果

①聞き手に，自分が紹介した本を読みたいという気持ちになってもらえる

②絵本や読書の楽しさを知らせることができる

③聞き手が今まで知らなかったその本の魅力を知らせることができる

　いかがでしょうか。「ブックトーク」がうまくできるようになるためには，自分が紹介しようとしている絵本を何度も読み，その内容を把握し，自分の言葉でその魅力を十二分に語る努力をすることが大切です。よく言われることですが，お話や読み聞かせは，料理で例えると，作品を丸ごと試食してもらうこと，ブックトークは，「おいしそうでしょう」と見せて，後で召し上がってみてください……と紹介すること。いわば，「お話」と「書評」の中間に位置すると言えば良いでしょうか。ここではまず，「泣ける本」を2冊紹介してみましょう。あくまでも，私にとっての「泣ける本」ではありますが……。

テーマ〈孤独〉 🖊

『アンジュール──ある犬の物語』

ガブリエル・バンサン（作・絵）／BL 出版／
1986年

　ある日，一匹の犬が車から投げ捨てられ
る衝撃のシーンで始まるネームレスの絵本。
どこに行っても邪険に扱われ，孤独の真っ
ただ中に突然さらされた犬に一筋の光が……。

　何度読んでも，感情が高ぶってくる絵本というものがあります。

　例えば，『アンジュール』。私自身はもちろん，飼っていた犬を捨てたこともな
いし，捨てられたのかもしれない野良犬を見て，その都度，かわいそうに……と，
涙していたわけでもありません。が，なぜかこの絵本を読むと泣けてくるのです。
ここには，飼い犬を捨てるという身勝手な人間と，捨てられた犬が何とか生き抜
こうともがく情景が鮮明に描かれています。文字のない絵本です。

　この絵本を読むたびに，明らかに「犬」に感情移入をして，怒ったり戸惑った
り，悲しんだり，そしてかすかな希望をもったりしている私がいるのです……。
ガブリエル・バンサンの凄まじいデッサン力をとくと鑑賞してください。

テーマ〈絆（きずな）〉 🖊

『ラヴ・ユー・フォーエバー』

ロバート・マンチ（作）／梅田俊作（絵）／乃木りか
（訳）／岩崎書店／1997年

　お母さんは，まだ生まれたばかりの幼い息子
を胸に抱きながら歌います。「アイ　ラブ　ユー
いつまでも。アイ　ラブ　ユー　どんなときも」
と。

　男の子は少年になり，やんちゃな時期も過ぎ，
やがて青年になり，壮年になっていきます。若くて美しかったお母さんも，やが
て年を取り，死が間近に迫ってきます。最後に立派に成人した息子に抱きかかえ

られて、「アイ　ラブ　ユー……」と息子が口ずさむシーンは涙なしでは読めないところです。

　こちらは、おそらく、今の自分の境遇に重ね合わせて読んでしまって、感極まって……というところでしょうか。私にも35歳になる息子がいて、この絵本を開くたびに、走馬灯のように、息子が生まれてから今日までのことが思い出されるのです。あんなにやんちゃだった息子が立派な父親になって、あと何年かしたら、この絵本のように迎えに来てくれるのだろうか……。そう考えるだけで、涙腺が緩んでしまうのです。

　以上、「泣ける本」というくくりでテーマを〈孤独〉〈絆（きずな）〉として2冊ご紹介しましたが、参考までに、以下にその他のテーマについてもいくつかご紹介しておきます。

テーマ〈愛〉

『あかり』

林　木林（文）／岡田千晶（絵）／光村教育図書／2014年

　全編を通して、薄暗いトーンの空間にポーッと柔らかいろうそくのあかりがともされています。ページをめくるごとに、私たちはたちまち、光と影が巧みに描かれた深い世界にひきずり込まれていきます。初めてろうそくにあかりがともされたのは、女の子が生まれた日。ろうそくがともされるたびに女の子は成長していきました。

　絵を描いた作者は、2年の歳月をかけ、家族を思い浮かべながら、「光と影」を描き分けたそうです。読み終わると、心にポッとあかりがともるようです。

テーマ〈老い〉 ✏️

『だいじょうぶ だいじょうぶ』

いとうひろし（作・絵）／講談社／1995年

　約四半世紀も前，子育て真っ最中の私は，まさにおじいちゃんのおまじないの言葉「だいじょうぶ　だいじょうぶ」が聞きたくて，何度もこの絵本を開いては，励まされてきました。

　だれしも人生につまずき，行き詰まり，泣いたり悲しんだり嘆いたり……の連続ですが，そんなとき，だれかの「だいじょうぶ」に，その都度励まされて乗り越えられるのです。「老い」をテーマにした，癒され，温かい気持ちになれる珠玉の一冊です。

テーマ〈日常の気づき〉 ✏️

『生きる』

谷川俊太郎（詩）／岡本よしろう（絵）／福音館書店／2013年

　谷川俊太郎の「生きる」という詩は，淡々と様々な「今」を切り取り，情景描写をしており，その角度が実に奥深く，心に染み入ってきます。死んだセミが地面にころがっていて，それを少年が見ているシーンから始まります。物語は「死」から始まって，小学生の子どもの目から見た「生」へとしっかりシフトしていきます。

　岡本よしろうの絶妙にリアルな絵がついて「今を生きる」ことの意味を考えさせられます。

テーマ 〈心の闇〉 🖊

『わたしのせいじゃない──せきにんについて』

レイフ・クリスチャンソン（文）／ディック・ステンベリ（絵）／にもんじまさあき（訳）／岩崎書店／1996年

モノクロームの世界，「責任」というテーマで，ある小学校を舞台にドラマが繰り広げられています。何人もの子どもたちが，一人の男の子に暴力をふるい，男の子は泣いています。まわりの子どもたちは，一人ずつ証言します。最後にみんなからお決まりの文句，「わたしのせいじゃない！」。

ラストページに掲載されている世界の戦争や飢餓・貧困の写真が衝撃的です。

テーマ 〈一瞬の中の永遠〉 🖊

『まばたき』

穂村 弘（作）／酒井駒子（絵）／岩崎書店／2014年

ちょうちょうが飛ぶ瞬間，鳩時計が12時を知らせる瞬間，猫が鼠を捕まえる瞬間，角砂糖が紅茶に溶ける瞬間，そして「みつあみちゃん」と呼ばれた少女が変化する瞬間……。その瞬間，時が止まって，絵本の世界で「永遠」を感じてしまいました。それほどの衝撃‼ 短いようで長い，長いようで短い「瞬間」を捉えた絵本，これぞ我々大人がハッとさせられる絵本だと思います。ちょっと恐ろしくもあり，それでもまた開きたくなる魔法のような絵本です。

詩への興味

⇢ 作戦42：わたしの言葉，どこにある？

📘 プログラムの概要

「詩」を朗誦（声に出して読む）する楽しさを味わってもらうことが大切です。

韻を踏んだり，詩の独特の形式に慣れ親しむことができたりすると，ぐっと詩が身近なものになります。想像力を駆使して，欠けている言葉を補っていくことで，詩への理解が深まっていくでしょう。

文字を読ませるのが目的ではないので，未就学児には何度も読み聞かせをして，意味を捉えられるよう導いていけると良いと思います。

参加者：10〜20人

準備物：「詩」の絵本，詩を書き写して一部を空欄にしたカード，空欄として抜き出した言葉のカード

📑 選書のポイント

1. ある一つのテーマをどんどん掘り下げていくような詩を収録しているもの。さらに，なるべく短い詩，連の中で，リズミカルに韻を踏んでいたりする詩が収録された絵本。

   ☞「詩」というものに慣れ親しませることがねらいなので，あまり難しい言葉を使っている詩は避ける。

2. 子どもたちにあまり詩の素養がなかったり，詩を読む習慣がなかったりしても，アニマドール自身が，一度はどこかで耳にしたことがある詩を選書する。

   ☞ アニマドールが親しみをもって取り組めるので，子どもたちも楽しむことができる。

『うそ』

谷川俊太郎（詩）／中山信一（絵）／主婦の友社／2021年

―――――― あらすじ ――――――

　詩人・谷川俊太郎が1988年に発表した詩「うそ」に，イラストレーター・中山信一が絵を描き，構成した一冊。ある男の子が犬の散歩をしながら，「うそ」についていろいろと考えている。「うそとほんと，良いことと悪いこと，美しいものと醜いもの，どっちかに割り切れないところに，生きていることの本当の姿があります」（あとがきより）。

ここに注目！

　日本を代表する詩人，谷川俊太郎の詩の絵本はたくさん出版されていますが，中でも本書は，心の奥深いところまで届き，時おり読み返したくなる宝物のような一冊です。

📗 アニマドールの事前準備

∘ 詩の連ごとに当てさせたい言葉を空欄にして詩を書き写したカードを作成する。空欄に入る言葉だけを抜き出して書いたカードも作成する。

　☞ カードの大きさは，随時手近にあるもので OK（本書４頁参照）。ただし，一枚に一語ずつ抜き出した文字は，みんなに見えるように大きなカードに書くようにします。

📗 実践の手順

手順1　詩の絵本を３〜４回，絵をしっかり見せながら読み聞かせをする。

手順2　「今から空欄があるカードをみんなに手渡します」と言って，そのカードに書かれた文字を読みながら子どもたちにランダムに手渡す。

手順3　子どもたちは自分の手持ちのカードをじっくり読む（読めない場合は，書いてある言葉をアニマドールが一人ひとりに教えていくので，しっかり覚える）。

手順4　アニマドールはランダムに「抜き出した言葉カード」（例……「う
　　　そ」「おかあさん」など）を読んでいき，子どもたちは自分の手持ちのカー
　　　ドの欠けた部分の言葉だと思ったら，挙手をして，そのカードを「くだ
　　　さい，私のです」と宣言する。言葉を埋めたら，その一連を読んでみる。
　　　☞　もし子どもたちが間違っていても，その場では「間違い」と言わず，最後に余っ
　　　　てしまったカードがだれのものなのかみんなで考えてみてください。
　　　☞　例）アニマドールの持っているカード：「うそ」
　　　　子どもたちへの手渡しのカードに記載されている文字……「ぼくは　きっと　○
　　　　○　をつくだろう」→「ください，私のです」→正答。「ぼくは　きっと　うそ　を
　　　　つくだろう」

手順5　全部カードが行き渡ったら，アニマドールが正解を言い，誤答が
　　　あれば正しいカードと入れ替えていく。みんなで初めから読んでみる。

手順6　最後に正しい順番（連）の詩を絵本の絵と見比べながらじっくり
　　　読み聞かせ，「また今度，別の物語（絵本）で遊びましょう」と言って，
　　　アニマシオンを終える。

🔖 アニマドールの配慮事項

- 作戦41「なぞなぞを言って，説明するよ」（上級5）との類似点は，詩を
  朗誦することの楽しさを味わってもらうことにあります。作戦41（上級
  5）は，なぞなぞや早口言葉，造語遊びなどで遊び，詩を好きになるき
  っかけを作ることに，作戦42（上級6）は，さらに詩に慣れ親しんでも
  らうために，仲間と連帯して取り組む中で詩に興味をもち，詩を読むこ
  とに慣れ，詩への関心を深めていくことにあります。

- 空欄に入るカードの言葉を当てる実践は，グループワークで行っても
  OK。間違えて余ってしまったカードがだれの持っている連のものなの
  かをみんなで考え，連帯感をもってもらうと良いでしょう。

- 詩の言葉を考え，空欄を埋める実践は，とても親しみやすく，作戦41
  （上級5）とあいまって，何度でも繰り返し試していける実践だと思いま
  す。詩全体の世界観をきちんと把握していないと，長い詩の中の一連，
  さらに連の中の言葉を的確に当てることは難しくなります。

🔖 発展（チャレンジ）

。今回は，登場人物が少なく，「ぼく」の独白がメインの構成なので，わかりやすいと思いますが，もう少し複雑な抒情詩，叙事詩でも，このプログラムができるようにしていくと，より深い詩への興味につながっていきます。

☞ 例）『**ことばあそびうた**』谷川俊太郎（詩）／瀬川康男（絵）／福音館書店／1973年
『**生きる**』谷川俊太郎（詩）／岡本よしろう（絵）／福音館書店／2017年
など

⁝ 実践者の工夫・声

『うそ』の内容がとてもユニークだったので，子どもたちとゲーム感覚で楽しめましたが，子どもたちが「うそは言っちゃいけないんだよ」と，みんなで言い出したのが楽しかったですね。　　　　　（5歳児担任）

-------------------- **実践におすすめの絵本** --------------------

。『**わたし**』

谷川俊太郎（文）／長 新太（絵）／福音館書店／1976年

わたしは山口みち子，5才。「わたし」は，おにいちゃんから見ると「妹」。おばあちゃんから見ると「孫」，さっちゃんから見ると「友だち」，お巡りさんから見ると「迷子？」，犬のゴロウから見ると「にんげん」，宇宙人から見ると「地球人」……。

本書は，他人から見たいろいろな「わたし」の呼び名が登場する不思議な感覚の絵本です。

リズミカルでユーモアにあふれた谷川俊太郎の文と長新太のクールでおしゃれなイラストがベストマッチの絵本。生きるってことはいろいろな人や物の関係性の中で成立していくものなのだということを実感させられます。子どもたちにもしっかり自分のアイデンティティーを考えてもらうきっかけになる一冊です。

詩を構成する力を！

→ 作戦46：あなたは，私と一緒に

▌ プログラムの概要

　詩の1行1行を味わい，全体の世界観を把握し，詩を構成する力を養うことを目的とするプログラム。

　本来は，1編の詩の中の1行を抜いて，空欄ができた詩もカード化，抜き取った1行もカード化して2グループに分かれてマッチングしていくのですが，低年齢対象なので，まずは，1編の詩を1行ずつカードに書き出して，その順番を吟味してみましょう。また，今回のアニマシオンのプログラムは，文字の読める子ども限定とします。

　詩をじっくり味わい，連ごとに情景が変化する様子に思いを馳せる。自分ならどうするか，どう思うかを言葉に出してみます。「詩」的に表現できれば素晴らしいですね。

参加者：10〜20人
準備物：詩の絵本，詩を1行ずつ記入したカード

▌ 選書のポイント

1. 情景が「絵」になってはっきり思い浮かべられるような詩の絵本。
   ☞ 詩の選び方がポイントです。主語，述語がはっきりしていて，作者の制作意図が明確な，起承転結のわかりやすい詩をセレクトしましょう。

2. 子どもたちの身近な生活の中にある情景を切り取ったもの等，子どもたちの共感を得られそうな詩の絵本。

『ふしぎ It's Weird』

金子みすゞ（詩）／D. P. ダッチャー（英訳）／浅沼とおる（絵）／
矢崎節夫（選）／JULA出版局発行／フレーベル館発売／2020年

───── あらすじ ─────

　詩人・金子みすゞの作品を，英語と日本語の両方で楽しめる絵本のシリーズ。国際化の時代，みすゞの詩のもつ普遍性を共有することができる。

　収録作品（全8編）：明るいほうへ（To the Light），つゆ（The Dewdrop），すずめのかあさん（Sparrow's Mom），こだまでしょうか（Is That an Echo?），お花だったら（If a Flower），おひる休み（Noon Recess），ふしぎ（It's Weird），はちと神さま（One Bee, One God）

ここに注目！

　英語との併記なので，アニマドールとなる大人たちも，日本語と英語の両方で作品に親しむことができ，英訳されている文を読むことで，プロが訳した詩の文のニュアンスを楽しむこともできます。

🏷 アニマドールの事前準備

○ 金子みすゞの有名な詩をいくつか読み，親しんでおくと良い。みすゞの童謡詩に共通した思いや作風を何となく感じ取っておくことが大切。

○ 詩を1行ずつカードに書き込む。

🏷 実践の手順

手順1　詩集の中から，何編かを選んで，3〜4回読み聞かせる。

手順2　金子みすゞの詩の1編を選んで，連ごとに分解したカードを並べる。どこにどの文章がくるか考えて，元の詩を復元させる。

　☞ 例）すずめのかあさん
　　a：子どもが　子すずめ　つかまえた。
　　b：すずめの　かあさん　それみてた。

c：その子の　かあさん　わらってた。
d：お屋根で　鳴かずに　それ見てた。
OK ??
↓
正　解
a：子どもが　子すずめ　つかまえた。
c：その子の　かあさん　わらってた。
b：すずめの　かあさん　それみてた。
d：お屋根で　鳴かずに　それ見てた。

〈誤〉　　　　　　　　　　　　　　　　〈正〉

| a：子どもが　子すずめ　つかまえた。 |
| b：すずめの　かあさん　それみてた。 |
| c：その子の　かあさん　わらってた。 |
| d：お屋根で　鳴かずに　それ見てた。 |

| a：子どもが　子すずめ　つかまえた。 |
| c：その子の　かあさん　わらってた。 |
| b：すずめの　かあさん　それみてた。 |
| d：お屋根で　鳴かずに　それ見てた。 |

手順3　「その子」はだれなのか？　対照的な人間の「かあさん」とすずめの「かあさん」それぞれの心情を推し量れるか。

☞ すずめのかあさんは，なぜ鳴かずに子すずめが捕らえられたのを見ていたのか，子どもたちに問いかけてみましょう。

☞ 何気ない日常の光景に，我が子を捕まえられた親すずめの視点が入ることによって，緊張感が漂い，詩の意味がぐっと深くなります。「人間」と「すずめ」，強者と弱者の論理を読み解くことができるでしょう。

手順4　みんなでもう一度，正しい順番の詩を朗誦する。

手順5　最後にもう一度詩を読み聞かせ，「また今度，別の物語（絵本）で遊びましょう」と言って，アニマシオンを終える。

■ アニマドールの配慮事項

○ このプログラムの意図は，いかに詩の文章が巧みに構成されているかを実感させるものです。そうして優れた詩を鑑賞することで，深く理解するきっかけができていくものなので，意識して取り組みましょう。

☞ 詩を理解するために，詩を朗誦したのち，その詩の表現したかったものや世界観を話し，子どもたちと共有できるようにしたいですね。

◦最終的には，もう一度じっくり詩と向き合って，正しく読み聞かせられるアニマドールの技量も要求されるといえます。

🚩 発展（チャレンジ）

◦本来のアニマシオンの作戦46は，詩の中の1行だけがどこかに行ってしまったという想定で，一部が空欄になった詩のカードとはぐれた詩句の書かれたカードをもとの詩の形になるようにはめ込んでいくのがねらいです。まさに，2人で1つの詩を完成させる作戦なので，「あなたは，私と一緒に」という作戦のタイトルがついたようです。

上級7で，そうしたことができるようになれば，詩のリズムや韻を踏むことなどを学び，詩の魅力を知っていく良いきっかけとなることでしょう。

- - - - - - - - - - - - - - - - - - **実践におすすめの絵本** - - - - - - - - - - - - - - - - - -

◦『**きりん　きりん**』
　　武鹿悦子（詩）／ 高畠 純（絵）／ リーブル ／ 2018年

　あらゆる角度から「きりん」を描写，全編「きりん」一色で，詩の表現が美しい。武鹿悦子のキラキラした言葉と，高畠純のスタイリッシュな絵の絶妙なマッチングが楽しめる。2人のやさしいまなざしが感じられて想像力が豊かになる絵本です。

　　例）詩の中に出てくる「あさ」と「よる」，「くび」等の言葉を抜いて，アニマシオンをやってみましょう。

詩的な表現方法に触れる

→ 作戦57：俳句で遊ぼう

📖 プログラムの概要

　俳句は「5音・7音・5音」の計17音からなる日本の伝統的な詩の一形式です。優れた俳句のもつ独特の研ぎ澄まされた言語感覚やおもしろみを十分味わうプログラムを試してみましょう。

　ちなみに，フランスやドイツなどヨーロッパでも「俳句」の認知度は高く，俳句協会のような全国組織があったりするようです。「俳句」は世界で一番短い詩として捉えられ，松尾芭蕉，小林一茶，正岡子規などが「CLASSIC HAIKU（古典俳句）」として愛されている向きもあります。

　本プログラムでは，何度も俳句を読み聞かせて，「五・七・五」の定型にこだわらない，のびのびした表現を楽しみましょう。実際の作者の気持ちになれるよう，情景を説明して誘導できればなお良いでしょう。「美しい言葉」に触れることは，日本の古典文学に親しむ入り口にもなります。

> 参加者：20人くらい
> 準備物：俳句（五・七・五）のいずれかの行の言葉を抜いた，空欄のあるカード，正答のカード

📖 選書のポイント

1. アニマドール自身が気に入った俳人の句をたくさん読んでみて決める。
2. 子どもたちの能力に合った，わかりやすい言葉を使った俳句を選ぶ。

選んだ本『山頭火俳句集』

種田山頭火（著）／夏石番矢（編）／
岩波書店／2018年

『尾崎放哉全句集』

尾崎放哉（著）／村上　護（編）／
筑摩書房／2008年

ここに注目！

　ここでは，種田山頭火と尾崎放哉，自由律俳句（じゆうりつはいく）で有名な2人の天才俳人の俳句を取り上げます。自由律俳句とは，五七五の定型俳句に対し，定型に縛られずに作られる俳句を言います。季題にとらわれず，感情のまま自由に表現してみましょう。以下，それぞれの作者について紹介します。
種田山頭火（たねださんとうか）：1882（明治15）年，山口県防府市生まれ。成績優秀なるも生家の倒産や関東大震災に被災するなど苦労も多く，1926（大正15）年に放浪の旅に。生涯84000句を詠む。
尾崎放哉（おざきほうさい）：1885（明治18）年，鳥取県鳥取市生まれ。「層雲」の荻原井泉水に師事。豪奢な生活を送っていたエリートでありながら，突然それまでの生活を捨て，無所有を信条とし，俳句三昧の生活を選ぶ。

🏳 アニマドールの事前準備

○句集の中から，情景のよくわかる句を選んで，子どもたちに指し示すことができるようにする。

○空欄を設けたカードの他に正答のカードも作っておく。

○空欄にする箇所は，子どもたちが十分に想像力を発揮できる言葉を選ぶ。

🏴 実践の手順

手順1 　種田山頭火，尾崎放哉の俳句を5つ程度読み，そのシーンを思い浮かべてもらい，雰囲気（世界観）の違いを感じられるようにする。

☞ 例）「静」の放哉，「動」の山頭火と並び評される自由な詩の表現方法を知り，世界観を味わいましょう。

手順2 　手順1で読んだ句以外の句の，一部を空欄にしたカードを子どもたちの前に出す。そして，2人のどちらの詩なのか，また，（　　）内に何が入るのか想像してもらう。（　　）の中にぴったりくる言葉を挙げてもらっても良いし，もう少し年齢が上がれば，自分ならどんな言葉を入れるかを考えて書いてもらっても良い。

☞ 種田山頭火
　　・夕立や　お地蔵さんも　わたしも（ずぶぬれ）
　　・分け入っても　分け入っても（青い山）　　・まっすぐな道で（さみしい）
　　・どうしようも　ないわたしが（歩いている）　・（へそが）汗ためている
　　・こんなにうまい（水が）あふれている
　　　　（種田山頭火（著），夏石番矢（編）『山頭火俳句集』岩波書店，2018年）

☞ 尾崎放哉
　　・咳をしても（一人）　　　　　　　　・足のうら洗えば（白くなる）
　　・いれものがない（両手で）うける　・こんな　よい月を　一人で見て（寝る）
　　・（紅葉）あかるく手紙よむによし
　　　　（尾崎放哉（著），村上護（編）『尾崎放哉全句集』筑摩書房，2008年）

手順3 　最後にもう一度すべての俳句を読み，「また今度，別の物語（絵本）で遊びましょう」と言って，アニマシオンを終える。

🏴 アニマドールの配慮事項

◦ 子どもたちがたくさんの言葉を発することができるよう，形容詞を並べてみたり，同じようなシーンを思い浮かべて，話し合ったりしながら想像力（創造性）を育めるように努力しましょう。

◦ 最後に（　　）に入る言葉と，内容・情景・心境等をきちんと説明してあげれば，後のち忘れられない一句となるでしょう。

📖 発展（チャレンジ）

○以下は，有名な俳人たちの句です。こちらでもチャレンジしてみましょ
う（坪内稔典（監修）『絵といっしょに読む国語の絵本　俳句のえほん』くもん出版，
2013年より）。

　☞ 松尾芭蕉（俳聖とも呼ばれ世界的に有名。連句を好んで作った。生涯で1000句
　　は詠んでいる）
　　　・古池や　蛙飛び込む　<u>水の音</u>　例）（　　）の音
　　　・<u>さみだれを</u>　あつめて早し　最上川　例）（　　）をあつめて早し
　　　・しずかさや　岩にしみ入る　<u>蝉の声</u>　例）（　　）の声

　☞ 小林一茶（約2万2000句の俳句を作ったといわれ，他の俳人より群を抜いてい
　　る）
　　　・痩せ蛙　負けるな<u>一茶</u>　これにあり　例）負けるな（　　）
　　　・<u>名月を</u>　とってくれろと　泣く子かな　例）（　　）をとってくれろと
　　　・やれ打つな　<u>蠅が手をする</u>　足をする　例）（　　）が手をする

　☞ 正岡子規（短い生涯に，2万句以上を詠んだ）
　　　・柿食えば　鐘が鳴るなり　法隆寺　例）（　　）食えば
　　　・春風に　こぼれて赤し　<u>歯磨粉</u>　例）こぼれて赤し（　　）
　　　・いくたびも　<u>雪</u>の深さを　尋ねけり　例）いくたびも（　　）の深さを

- - - - - - - - - - - - - - - - - -　**実践におすすめの絵本**　- - - - - - - - - - - - - - - - - -

○『絵といっしょに読む国語の絵本　俳句のえほん』
　坪内稔典（監修）／くもん出版／2013年

　絵を見ながら「俳句」を楽しく音読・暗唱できる一
冊。時代を超えて受けつがれてきた俳句の良さを知り，
子どもたちの感性に訴えかけます。

　他にもシリーズで『短歌のえほん』『詩のえほん』な
どがあり，現代俳句の代表的な一人である坪内稔典の
筆がさえます。

10

絵本の作り方

　さて，いよいよ終盤。絵本教室の最後は，世界でたった一冊のオリジナル絵本制作講義です。みなさんは，アニマドールとして，数々の絵本に接し，子どもたちの前で堂々とアニマドールの役割を演じ，今や友人・知人の間では，絵本のオーソリティーになられていることと思います。

　この先は，「絵本カタリスト®」（詳しくはエピローグ参照）になっていただく条件の一つとして，オリジナル絵本制作を掲げました。絵は描けるけれど文章が苦手，という人も，お話は作れるけれど絵は全く自信がない……という人も大丈夫です。しっかりその基本を学び，オリジナル絵本が制作できるよう指導します。

　どんなに短い絵本でも，自分の経験値をフルに活用し，想像力を発揮して自らの力でゼロから紡ぎ出したお話は，とても貴重なものです。以下にざっと絵本制作の工程のあらましを項目別に記しました。さあ，チャレンジしてみましょう。

テーマを選定する 🖉 　だれのために，何を書く（描く）のかを考えよう

　例えば，レオ・レオーニは，『あおくんときいろちゃん』を孫と遊んでいるときに思いついて描いた（書いた）といわれています。また，バージニア・リー・バートンは，『いたずらきかんしゃちゅうちゅう』を長男アリスのために，『マイク・マリガンとスチーム・ショベル』を次男マイケルのために，そして夫のために，『ちいさなおうち』を……。どれもお馴染みの名作ばかりですが，筆致は全く違うことに驚かされます。

　最も大切なのは，その絵本の伝えたいテーマ（コンセプト）です。

〈テーマの例〉
・家族の愛
　『おにいちゃんになるひ』ローラ・M・シェーファー（作）／ジェシカ・ミザーヴ（絵）
　／垣内磯子（訳）／フレーベル館／2013年

- 別れ・友情

  『**いつだってともだち**』モニカ・バイツェ（作）／エリック・バトゥー（絵）／講談社／2000年

- 絆（きずな）・生と死

  『**やさしいライオン**』やなせたかし（作・絵）／フレーベル館／1982年

- 言葉遊び

  『**これはのみのぴこ**』谷川俊太郎（作）／和田誠（絵）／サンリード／1979年

- 無償の愛

  『**おおきな木**』シェル・シルヴァスタイン（作・絵）／村上春樹（訳）／あすなろ書房／2010年

- 命への感謝

  『**うまれてきてくれてありがとう**』にしもとよう（文）／黒井健（絵）／童心社／2011年

　他にも，食べ物・友情・しつけ・季節・行事・冒険・天候・仕事……等々，数多あるテーマやコンセプトをきちんと設定して書き始めることが大切です。

素材をそろえる　　場面設定と物語制作の素材集めをしよう

　まずは，物語の場面設定をします。登場人物（相関図），場所，時間設定（経過）など，素材も含めて 5W1H を意識して書いてみましょう。例えば，クライマックスを頭に描き，一番語りたい（描きたい）シーンから描いてみるのも一考でしょう。いずれにせよ，物語の中心になっている世界観を定めることはとても大切です。

例）「**かさじぞう**」

　　場面設定：冬山　雪の中　貧しい慎ましやかな暮らし

　　素　　材：老夫婦　おじいさん　地蔵

　　テ ー マ：本当の幸福　温かい心持ち　恩返し　など

プロット（ストーリーの要約・筋・構想）を作成する 🖊

　どんな絵本を作りたいのか，ざっと頭に思い描いてから作業を進めていきましょう。最初から最後まで矛盾なく構成できる物語をイメージし，設計図を作るために，あらすじを書き出してみましょう。

　次に，物語のプロット（細部）を作っていきます。プロットは，完成形をイメージするための設計図です。物語をどう展開させていくか，考えながら作っていきましょう。

　以下にプロット作成の流れを説明しておきます。

1．まずはどんな物語を作りたいのか想像し，全体像を思い描いてみる

〈絵が先か？　文が先か？〉

　頭に思い描いたもの（文でも絵でも OK！）を書いて（描いて）みよう。最も大切なのは「想像力」

〈主人公を決めるためのヒント〉

　①キャラクター設定 → 動物？　人間？　想像上の未知のもの？

　②プロフィール作成 → 名前・年齢・体の特徴・家族・特技・性格・趣味など

　③身近な人物や物を主人公にする

　④キャラクター性を出す　例）わからずや　あわてんぼう

〈構成を考えるヒント〉

　①起承転結を考える

　②ラストにオチをつける

〈描画のヒント〉

　①大きく黒く太い線ではっきりと描く

　②時には，貼り絵，切り絵などに毛糸や布，糸などを使って素材感を出してみる

　③子どもの落書きをヒントに，好きな絵やストーリーをまねても良い

2．ダミー（本物の代わりになる見本）を作成

　起承転結を意識してラフスケッチ（単色で下描き）を見開き単位（一画面ごとに見やすく縮小した画像：サムネール）で作成する。

3．画面のサイズを決め，ネーム（テキスト・文章）スペースを空けて下書（描）きをする

4．どの画材で描くか・どんな技法を使うかを考えて実制作に入る

　様々な画材の中から，その物語の世界観を表すのに最も適した画材を選ぶ。様々な絵本を鑑賞し，色使いや構成の仕方，絵の表現の仕方などを観察し，制作の際の参考にしたい。

〈画材〉

　鉛筆，ペン，筆，透明水彩，アクリル絵の具，ガッシュ（不透明な水彩絵の具），パステル，色鉛筆，クレヨン，カラーインク等々，様々なものがある。

〈色使い〉

　時間・空間・感情までも表現できる。

〈技法〉

　コラージュ（collage；糊で貼るという意味。写真や文字や絵を新聞や雑誌から切り抜いて画用紙などの台紙に貼って完成させる技法），切り絵・貼り絵，木炭画（炭で原画を描く），仕掛け絵本，　型抜き（ページの一部に穴をあけて，ページをめくったときに意外な変化を楽しむもの），ポップアップ加工（開くと紙の一部が立ち上がる印刷物の加工方法）など。他にも，版画，写真，染色，刺繍，PC による作画など，様々な手法がある。

〈技法の例〉

・コラージュ

　『**はらぺこあおむし**』エリック・カール（作）／もりひさし（訳）／偕成社／1976年

・切り絵

　『**モチモチの木**』斎藤隆介（作）／滝平二郎（絵）／岩崎書店／1971年

・写真

　『**ふたごのき**』谷川俊太郎（文）／姉崎一馬（写真）／偕成社／2004年

・型抜き

　『**どうぶついろいろかくれんぼ**』いしかわこうじ（作・絵）／ポプラ社／2006年

すべて原稿がそろったら　入稿・出稿・校正・印刷・製本・販売

　市販絵本を製作する場合は，編集者，デザイナー，版元の制作部，印刷所担当者など，作家自身以外の多くの人の工程を通過して，絵本ができあがっていきます。

〈入出稿〉

　編集者と印刷所の担当者とのやり取りの中で，原稿に正しく印刷できるよう指定をし，印刷所に入れることを入稿という。その後，印刷所から指定通りに校正紙が出てくることを出稿といい，その校正紙をゲラと呼ぶ。

〈校正〉

　印刷所からあがってきたゲラに，誤字・脱字・デザイン上の不備がないかどうかをチェックすること。

〈色校正〉

　印刷物が指定した色で刷り上がっているかどうかを試し刷りして校正するもの。

〈校了〉

　校正を終えて印刷・製本へと進める段階になることを校了という。

　その後，印刷→製本→検品→納入→配本→販売……というルートを経て，読者の手元に届く。

　さあ，実際にオリジナル絵本制作第一歩に踏み出しました。まずは，自分自身の納得がいくまで演習を重ね，今日まで優れた絵本を研究する中で学んできた絵本の作り方のノウハウを思い出して，果敢にチャレンジしてみましょう。

◦ エピローグ ◦

　いかがでしたか？　本書で紹介した各「プログラム」を通して個々の絵本への深い理解が得られたでしょうか？

　今後も，保育・教育現場で，もしくはご家庭で，絵本を読まれるときに意識していただければ幸いです。

　なお，もっと体系的に，リアルに「読書へのアニマシオン」を学びたい方には，集中して絵本講習会を実施しています。さらに自身のスキルを向上させたい方，人前で披露されたい方，また，全国のアニマシオンファンとつながりたい方には，「絵本カタリスト®」というものがあります。

　本書は，その「絵本カタリスト®」の資格を取得するためのテキストにもなっています。「絵本カタリスト®養成講座」では，本書をもとに，絵本の知識と研鑽が得られるよう段階的に指導していきます。初級→中級→上級とグレードをあげ，最後の試験をクリアされた方に修了証を渡し，「絵本カタリスト®」の個人資格を授与いたします。

　その後はぜひ，私たち「絵本カタリスト®」を運営するスタッフや，全国津々浦々の絵本カタリスト®の方々とともに，未来を担う子どもたちの育ちを助ける仲間として，活動してまいりましょう。

　詳細は，絵本カタリスト®のホームページ（https://lp.ehoncatalyst.com/）をご覧ください。

　さあ，果敢に挑戦してください‼　お待ちしております。

2023年冬

木村美幸

《著者紹介》

木村美幸（きむら みゆき）

　一般社団法人チャイルドロアクリエイト®代表理事。作家，編集者，絵本カタリスト®，絵本学会会員。JPIC読書アドバイザー。老舗の児童図書・保育図書版元の元取締役。東京家政大学特任講師を歴任。ペンネームは由美村嬉々（ゆみむら きき）。

　主著に，『バスが来ましたよ』（アリス館，2022年），『にじいろのペンダント』（大月書店，2022年），『これだけは読んでおきたいすてきな絵本100』（風鳴舎，2022年），『発達段階×絵本』（同，2023年），『100歳で夢を叶える』（晶文社，2023年），『一冊の絵本』（径書房，2023年）など多数。

絵本で実践！　アニマシオン
──子どもの力を引き出す26のプログラム

2024年1月20日　初版第1刷発行

著　者　　木　村　美　幸

発　行　所　　㈱北大路書房

〒603-8303　京都市北区紫野十二坊町12-8
　　　　　　　電話代表　（075）431-0361
　　　　　　　F A X　　（075）431-9393
　　　　　　　振替口座　01050-4-2083

ⓒ2024
ブックデザイン／吉野綾
印刷・製本／共同印刷工業㈱
落丁・乱丁本はお取り替えいたします。
定価はカバーに表示してあります。

Printed in Japan
ISBN978-4-7628-3240-6

本を通して世界と出会う
中高生からの読書コミュニティづくり

秋田喜代美・庄司一幸（編著）

四六判・264 頁・1,900 円 + 税
ISBN978-4-7628-2453-1

読書を通して共に育つ子どもたちと大人のあり方を，豊富な実践例を紹介しつつ，読書コミュニティのデザインから考える。

本を通して絆をつむぐ
児童期の暮らしを創る読書環境

秋田喜代美・黒木秀子（編著）

四六判・264 頁・1,900 円 + 税
ISBN978-4-7628-2517-0

子どもの知的・情動的発達を促し，命や生き方を考えさせる読書のはたらきと，それに関わる大人の発達変容の可能性を探る。

子どもの遊びを考える
「いいこと思いついた！」から
見えてくること

佐伯 胖（編著）
矢野勇樹・久保健太・
岩田恵子・関山隆一（著）

四六判・248 頁・2,400 円 + 税
ISBN978-4-7628-3229-1

「遊び＝自発的な活動」というのは本当か？！「いいこと思いついた！」という現象を切り口に，子どもの「遊び」の本質に迫る。

忙しいお母さんとお父さんのための
マインドフルペアレンティング
子どもと自分を癒し，絆を強める
子育てガイド

スーザン・ボーゲルズ（著）
戸部浩美（訳）

四六判・264 頁・2,500 円 + 税
ISBN978-4-7628-3118-8

忙しく過ごす親が子どもといながらできる瞑想エクササイズを多数紹介。心理学者で母の著者が研究と臨床経験を基に解説。DL 音声付。